AF474620

DE LA PROPRIÉTÉ

ET DE LA

DISTINCTION DES BIENS

COMMENTAIRE

Des Titres I et II du Livre II du Code civil

PAR

A. VALETTE

Membre de l'Institut
Professeur à la Faculté de droit de Paris

PUBLIÉ PAR LES SOINS DE MM.

F. HEROLD ET **CH. LYON-CAEN**

Sénateur, Préfet de la Seine. Agrégé à la Faculté de droit de Paris.

PARIS
A. MARESCQ AINÉ, LIBRAIRE-ÉDITEUR
20, RUE SOUFFLOT, 20
(Au coin de la rue Victor-Cousin)

1879

DE LA PROPRIÉTÉ

ET DE LA

DISTINCTION DES BIENS

PARIS — IMPRIMERIE TOLMER ET Cie

43, rue du Four-Saint-Germain, 43

DE LA PROPRIÉTÉ

ET DE LA

DISTINCTION DES BIENS

COMMENTAIRE

Des Titres I et II du Livre II du Code civil

PAR

A. VALETTE

Membre de l'Institut
Professeur à la Faculté de droit de Paris

PUBLIÉ PAR LES SOINS DE MM.

F. HEROLD ET **CH. LYON-CAEN**

Sénateur, Préfet de la Seine. — Agrégé à la Faculté de droit de Paris.

PARIS
A. MARESCQ AINÉ, LIBRAIRE-ÉDITEUR
20, RUE SOUFFLOT, 20
(Au coin de la rue Victor-Cousin)

1879

Cédant à des sollicitations réitérées, M. Valette avait commencé en 1872 la publication de son cours : il a fait paraître un volume comprenant le commentaire du livre premier du Code civil (1). Ce volume fut accueilli comme il méritait de l'être, et les jurisconsultes furent unanimes à souhaiter que cette œuvre attendue depuis si longtemps, s'achevât. M. Valette continuait son travail. Mais on sait la conscience infinie avec laquelle il composait ses ouvrages ; il les soumettait à des révisions et à des remaniements incessants avant de les livrer à l'impression. Cette sévérité excessive de M. Valette pour lui-même privera le public de la fin du *Cours de Code civil.* La mort l'a frappé avant qu'il en eût terminé la rédaction. Il a laissé de nombreuses notes, et plusieurs de ses élèves ont recueilli avec soin ses leçons. Mais qui oserait écrire le livre définitif que M. Valette aurait écrit ?

(1) *Cours de Code civil* professé à la Faculté de Droit de Paris, par A. Valette ; *Marescq aîné, éditeur.*

Si M. Valette n'avait pas mené à fin la rédaction de son cours, du moins il avait déjà confié à l'impression une partie du commentaire du livre II du Code civil. C'est là ce que nous publions. Nous reproduisons scrupuleusement l'œuvre propre et achevée de notre maître vénéré ; nous avons seulement, par quelques très-rares additions en note, complété des indications relatives à des lois ou à des projets de loi de date récente (1).

Ce volume comprend l'explication complète des titres *de la propriété* et *de la distinction des biens.* Il présente un intérêt d'autant plus grand, que M. Valette, s'attachant avec prédilection à l'état des personnes et aux priviléges et hypothèques, n'avait rien publié sur les matières du second livre du Code. On retrouvera dans ce volume les éminentes qualités qui font de M. Valette l'un des premiers juriconsultes de notre temps.

A côté des principes généraux sur la propriété et sur la distinction des biens, on rencontrera une étude approfondie de plusieurs matières. Les parties de ce volume consacrées au *domaine public*, aux *choses perdues*, *à l'acquisition des fruits par le possesseur de bonne foi*, aux *accroissements provenant des cours d'eau*, sont de véritables dissertations dignes en tous points de figurer à côté de celles dont M. Valette a enrichi autrefois la *Revue de droit français et étranger*.

F. H. et Ch. L.-C.

(1) Voyez comme exemple, page 76 note 2, page 94 note 3.

DE LA PROPRIÉTÉ

ET

DE LA DISTINCTION DES BIENS

LIVRE DEUXIÈME

DU

CODE CIVIL

DES BIENS

ET DES DIFFÉRENTES MODIFICATIONS DE LA PROPRIÉTÉ

Généralités. — I. Le second Livre du Code traite *des biens et des différentes modifications de la propriété*, comme l'indique la rubrique. On continue donc ici à suivre la marche des Institutes de Justinien, qui classe les matières du droit selon une division tripartite : la première partie s'occupant des personnes, la seconde des choses ou biens, et la troisième des actions. Vers le commencement du premier Livre des Institutes, après quelques définitions de la justice et du droit en général, et quelques explications sur le droit naturel, le droit des gens et le droit civil, il est dit (Tit. III) : *Omne autem jus quo utimur, vel ad personas pertinet, vel ad res, vel ad actiones*. Nous retrouvons une partie de cette division dans notre Code, où, après le premier Livre, qui traite *des personnes*, figure celui que nous étudions maintenant, et qui traite *des biens et des différentes modifications de la propriété.*

Quant aux *actions*, qui viennent ensuite dans les Institutes (1), elles ne sont pas traitées à part dans notre Code (2); un troisième Livre est consacré aux *différentes manières dont on acquiert la propriété*, soit par les conventions à titre onéreux ou gratuit, soit par d'autres voies, successions légitimes ou testamentaires, etc., etc. Cette dernière partie du Code est très-considérable, comprenant un grand nombre de Titres relatifs aux contrats spéciaux, tels que la vente, le louage, etc., et à des droits accessoires d'une grande importance, tels que les hypothèques, qui auraient pu, à la rigueur, figurer dans le second Livre.

II. — Qu'entend-on ici par biens? Tout naturellement, d'abord, les choses (ou objets matériels) qui servent à l'usage de l'homme, en sorte qu'on puisse avoir sur ces choses un droit plus ou moins exclusif, celui d'en tirer tout ou partie des avantages qu'elles peuvent procurer; ce

(1) Cette répartition des matières dans le livre classique de Justinien est empruntée aux *Institutes* de Gaius, où les actions font l'objet du quatrième commentaire.

(2) Le premier projet de Code civil présenté par Cambacérès, au nom d'un comité de législation, à la Convention nationale, le 9 août 1793, contenait trois livres intitulés, le premier *de l'état des personnes*, le second *des biens*, et le troisième *des contrats*. Un quatrième livre, non encore rédigé, devait traiter *des actions*, c'est-à-dire des moyens d'agir en justice pour faire reconnaître et protéger un droit antérieur qui est méconnu. Mais ce quatrième livre n'a point été rédigé, ou du moins livré à l'impression; et nous ne voyons plus figurer cette matière dans les autres projets de Code civil, soumis plus tard aux assemblées législatives. Probablement on aura jugé que des dispositions relatives à la compétence des tribunaux, et à la procédure, devaient être l'objet d'un *Code judiciaire*, distinct du Code civil. Nous avons aujourd'hui, outre de nombreuses lois sur la compétence, un Code entier consacré à la procédure civile.

droit sera appelé propriété, usufruit, usage, etc. Nous verrons plus tard que les *droits* eux-mêmes ont été, pour la facilité du langage, classés parmi les *biens*, sauf néanmoins le droit de *propriété* (le plus considérable de tous), dont on n'a pas cru nécessaire de faire un *bien* à part, distinct de l'objet auquel il s'applique (Comp. art. 526).

III. — Les droits dont nous venons de parler, propriété ou démembrements de la propriété, étant de leur nature même et *a priori* opposables à tout le monde, s'indiquent naturellement comme étant des relations de l'homme avec la chose elle-même ; de là leur nom de *droits réels* (*jura in re*). Au contraire, les créances ou droits relatifs à tel ou tel débiteur d'argent, ou d'autres quantités, comme du blé, du vin, de l'huile, ou même d'objets déterminés, sont qualifiés *droits personnels*, car ils ne s'expriment bien qu'en indiquant la relation du titulaire du droit avec une personne déterminée (le débiteur) (1). Une créance ayant pour objet des travaux ou services fait aussi partie de notre patrimoine ou de nos biens; cela est évident, puisqu'elle a une valeur appréciable : et cependant nous ne voyons pas que ces sortes de droits figurent nominativement dans les nomenclatures qui vont suivre (2).

(1) Chez les Romains, cette distinction était nettement indiquée en procédure. Si l'action était *réelle*, le nom du défendeur ne figurait pas dans la partie de la formule (*intentio*) où le demandeur affirmait son *droit*. Le contraire avait lieu quant à l'action *personnelle ;* le nom du *débiteur actionné* se trouvait nécessairement dans l'*intentio* (Comp. Gaii Inst., Comm. IV, § 41).

(2) Ainsi l'art. 529 ne mentionne que les obligations (ou créances) ayant pour objet des *sommes exigibles* (dues en capital), ou *des effets mobiliers*. Il est vrai que les *rentes* sont, à la fin du même article, classées en masse parmi les *biens :* or des rentes ont eu souvent jadis, et peuvent encore avoir, pour objet des services d'hommes ou de bestiaux.

IV. — Nous avons dit que le droit réel le plus complet, celui de tirer d'une chose tous les avantages qu'elle peut fournir, se nomme *propriété*. Ce droit peut être diminué ou démembré par l'établissement de certains droits moindres, tels que l'usufruit, l'usage et l'habitation, droits temporaires, à l'expiration desquels la propriété se trouve dégrevée et reprend toute son étendue (1); ou par des droits de servitude qui ont un caractère permanent, et qui constituent aussi des démembrements de la propriété; car ils consistent à tirer du fonds voisin une partie de l'utilité qu'il produit; et le droit du propriétaire de ce fonds est diminué d'autant. Ces droits réels, plus ou moins étendus, font la matière principale de notre deuxième Livre. On y donne les règles qui se rapportent à leur nature, à leur exercice et aussi quelquefois à la manière *de les acquérir* (2), quoique ce dernier objet soit plutôt du ressort du troisième Livre; mais les rédacteurs du Code ne s'astreignent pas à une méthode scrupuleuse dans la distribution de leurs matières.

V. — Quant au premier Titre de notre Livre, une bonne partie de ce qu'il contient (V. le chap. III, art. 537 à 543) aurait pu figurer dans le Livre Ier, comme ayant trait à l'État et aux communes en leur qualité de *personnes morales*. Le reste du même Titre (chap. I et II, art. 516 à 536) roule sur la distinction, qui a beaucoup d'importance en droit, entre deux grandes classes de biens, les *immeubles* et les *meubles*.

(1) Ces droits, devant s'éteindre avec la vie du titulaire (V. art. 617 et 625), sont aussi quelquefois appelés *droits personnels*, dans un sens très-différent de celui qui vient d'être indiqué.

(2) V., par exemple, les art. 549, 550, 690 et 691.

— *Développements au sujet des* droits *considérés comme* biens. — En réalité, les choses que l'homme fait entrer dans ses biens sont toujours des objets corporels ou matériels; et pourtant c'est une très-vieille classification que celle des choses en *corporelles* et *incorporelles*. Elle est même le sujet d'un Titre particulier des Institutes de Justinien (Liv. II, tit. II), commençant par ces mots : *Quœdam res corporales sunt, quœdam incorporales* (1); et le texte nous explique qu'on appelle *corporelles* les choses qui peuvent être touchées, *quœ sua natura tangi possunt,* comme un fonds de terre, un esclave, un habit, de l'or, de l'argent, etc., et *incorporelles* les choses *quœ tangi non possunt,* lesquelles sont, en réalité, des abstractions de l'esprit juridique (*quœ in jure consistunt*), telles qu'une hérédité, un usufruit, un droit d'usage, des créances (ou obligations), quelle que soit leur cause ou origine. Nous retrouvons ainsi dans notre Code (art. 526, 529, 530) des droits réels et personnels rangés parmi les biens. Quant à l'hérédité ou succession, peu importe, ajoutent les Institutes, qu'elle comprenne des choses corporelles : car les fruits qu'on retire d'un droit d'usufruit sont aussi corporels, et ce qui est dû à un créancier est très-souvent corporel (2), comme de l'argent, etc.; mais les droits d'usufruit et de créance n'en sont pas moins quelque chose d'incorporel et d'abstrait, à savoir, des facultés, garanties par la loi, de disposer de certains objets ou d'en obtenir la remise pour en disposer, ou enfin de bénéficier de

(1) Cette phrase, et le reste du même Titre, ont été littéralement copiés sur les Institutes de Gaius (Comm. 2, §§ 12, 13 et 14).

(2) *Plerumque*, dit le texte; car la créance peut avoir aussi pour objet des *faits* ou *services* autres que la remise d'une chose matérielle. L'obligation pourrait même consister à *s'abstenir* d'un fait nuisible au créancier (Comp. C. civ., art. 1101 et 1126).

certains faits ou services, etc. Le plus ordinairement l'hérédité contient des biens de natures diverses, objets matériels, droits réels et de créances. En tout ceci, le législateur n'a fait que s'accommoder au langage constant de la pratique.

TITRE PREMIER

DE LA DISTINCTION DES BIENS

ART. 516. — « Tous les biens sont meubles ou immeubles. »

Notions générales. — Cette distinction entre les meubles et les immeubles remonte très-haut; on la retrouve dans le droit romain, quoiqu'elle y ait joué un rôle moins considérable qu'en droit français, où, du reste, l'importance des immeubles, comparée à celle des meubles, s'est de plus en plus affaiblie (1). On voit que, chez les Romains, les immeubles d'Italie, qualifiés de *res mancipi*, ne pouvaient être aliénés, hors la présence du magistrat, que selon un mode solennel, dit mancipation; et cela ne s'appliquait à des objets mobiliers que très-exceptionnellement. D'après la loi des Douze Tables, les immeubles étaient usucapés (acquis par possession) après deux ans; les autres choses (*cæteræ res*) après un an seulement. Beaucoup plus tard, sous Auguste, une loi Julia *de adulteriis* interdit au mari d'aliéner l'immeuble dotal (*prædium dotale*) contre le gré (2) de sa femme; il pouvait, au contraire, disposer des meubles dotaux, sauf à être comptable de leur valeur s'il avait

(1) On sait que la possession des terres, base du régime féodal, était regardée autrefois comme nécessaire à la dignité et à la splendeur des grandes familles. D'ailleurs la France a été pendant longtemps, comme dit M. Rossi, un pays « presque exclusivement agricole ». Mais M. Rossi ajoute que, aujourd'hui « la richesse mobilière..... aspire évidemment à se placer en première ligne ». (*Mémoire lu à l'Académie des sciences morales et politiques*, en 1837; V. Revue de M. Wolowski, t. XI, p. 20 et 22.)

(2) V. Gaius, Comm. 2, § 63; Inst. de Just., liv. 2, tit. 8, pr.

à restituer la dot. Plus tard encore, nous trouvons que certains immeubles des pupilles (1) ne pouvaient être aliénés qu'avec l'autorisation d'un magistrat supérieur. En dehors de ces règlements particuliers, les deux classes de biens étaient traitées de même ; les Romains hypothéquaient les meubles comme les immeubles, et, sauf le cas d'usucapion, ils les revendiquaient avec la même facilité contre les tiers. Chez nous, il n'y a pas d'hypothèque proprement dite sur les meubles corporels (autres que les bâtiments de mer) (2) ou non (V. art. 2114 et 2119); et la revendication, au moins quant aux meubles corporels et aux titres au porteur, n'a lieu que très-exceptionnellement contre les possesseurs de bonne foi. (Comp. art. 1141, 2279 et 2280, et loi du 15 juin 1872 *sur les titres au porteur.*)

Déjà, dans le Livre Ier, on a vu des exemples de l'importance considérable que la loi, encore aujourd'hui, attache à la conservation des immeubles (3). Et de même on verra, en étudiant le Livre III : 1° que les immeubles n'entrent pas dans la communauté légale, et demeurent propres à chacun des époux auxquels ils appartenaient avant leur mariage, ou qu'ils acquièrent depuis comme héritiers ou donataires, etc. (4); 2° que sous le régime appelé *dotal* et dont l'origine est romaine, les immeubles dotaux sont, en principe, inaliénables et imprescriptibles (5).

(1) *Prædia rustica vel suburbana.* V. ff. *de reb. eor.* (liv. XXVII, tit. 9).

(2) Loi du 10 décembre 1874.

(3) V. art. 3, 128, 457 à 459, 64, et le tome 1er de notre *Cours de Code civil.* p. 32 et 33, 155, 558 à 561, 570.

(4) Comp. art. 1401, 1°; 1402, 1404 à 1408, 1433 à 1436.

(5) V. art. 1554 à 1561. — C'est une sorte de maxime aujourd'hui

Plus haut, nous avons dit un mot de l'hypothèque, et cité les art. 2114 et 2119, qui bornent aux immeubles l'application du régime hypothécaire. Au même ordre d'idées se rattachent les règles sur la publicité des aliénations d'immeubles, non-seulement à titre gratuit, mais encore à titre onéreux (1). Les formes de la saisie immobilière sont aussi plus compliquées, et entraînent de plus longs délais que lorsqu'il s'agit des saisies-exécutions, ou autres relatives à des objets mobiliers (2).

Ce classement des biens n'offre plus aujourd'hui le même intérêt qu'autrefois, en ce qui touche les successions. Car, d'après le droit général des pays de coutume, les biens immeubles que le défunt avait recueillis comme héritier légitime, ou comme donataire d'un ascendant (3), étaient qualifiés *propres de succession,* et devaient retourner à la ligne paternelle ou maternelle, de laquelle ils étaient sortis pour entrer dans le patrimoine du *de*

très-répandue que, sous le régime dotal, *la dot mobilière est inaliénable.* Mais il y a là une équivoque fort dangereuse. Ceux qui emploient cette formule n'entendent pas dire que les objets mobiliers ainsi constitués en dot soient inaliénables individuellement, comme le sont les immeubles dotaux sous le même régime. Ce qu'ils regardent comme *inaliénable*, c'est la dot mobilière prise dans son ensemble, autrement dit le droit qu'a la femme d'en exercer la reprise contre le mari, lors de la dissolution du mariage ou à la séparation de biens. La femme ne pourra, *constante matrimonio*, renoncer à cette même créance, ou l'aliéner; elle ne pourra non plus, en pareil cas, disposer de son hypothèque légale au profit d'un tiers. V., en ce qui touche ce dernier point, l'art. 9 de la loi du 23 mars 1855 (*sur la transcription*), et le t. Ier de notre *Cours de Code civil*, p. 332, note 3.

(1) V. art. 939 à 941, 1069 à 1074, et loi du 23 mars 1855 *sur la transcription.*

(2) V. *Cod. de proc. civ.*, part. I, liv. V (*De l'exécution des jugements,* tit. 7 à 14).

(3) Provenant d'un ascendant, la donation entre-vifs était regardée comme un simple *avancement d'hoirie*.

cujus. Cette règle générale du droit coutumier s'y exprimait par la maxime connue : *paterna paternis, materna maternis* (1). Son but, qui était de conserver les biens dans les familles, n'ayant point paru d'accord avec l'esprit de nos institutions modernes, elle a été abolie par la loi du 17 nivôse an II, art. 62, ainsi conçu : « Le décret ne « reconnaît aucune différence dans la nature des biens ou « dans leur origine pour en régler la transmission ; » ce qui a été reproduit par l'art. 732 de notre Code civil (2).

(1) Elle sert de titre à un long article du *Répertoire de Jurisprudence* de Merlin.

(2) V. notre *Cours de Code civil*, t. I, p, 473, note 1.

CHAPITRE PREMIER

DES IMMEUBLES

ART. 517. — « Les biens sont immeubles, ou par leur nature, ou par leur destination, ou par l'objet auquel ils s'appliquent. »

Les deux premières espèces d'immeubles diffèrent, en ce que pour la seconde seulement on s'occupe de la *destination du propriétaire* (art. 522, 524 et 525); mais il s'agit toujours d'objets matériels. Quant à la troisième, elle ne comprend que des droits, ou biens incorporels.

DES IMMEUBLES PAR LEUR NATURE

ART. 518. — « Les fonds de terre et les bâtiments sont immeubles par leur nature. »

ART. 519. — « Les moulins à vent ou à eau, fixes sur piliers et faisant partie du bâtiment, sont aussi immeubles par leur nature. »

ART. 520. — « Les récoltes pendantes par les racines, et les fruits des arbres non encore recueillis, sont pareillement immeubles.

« Dès que les grains sont coupés et les fruits détachés, quoique non enlevés, ils sont meubles.

« Si une partie seulement de la récolte est coupée, cette partie seule est meuble. »

ART. 521. — « Les coupes ordinaires des bois taillis ou de futaies mises en coupes réglées, ne deviennent meubles qu'au fur et à mesure que les arbres sont abattus. »

ART. 523. — « Les tuyaux servant à la conduite des eaux dans une maison ou autre héritage sont immeubles et font partie du fonds auquel ils sont attachés. »

I. — A la rigueur, il n'y a de vrais immeubles *par*

leur nature que les fonds de terre ou portions du sol, choses qu'on ne déplace pas (*res immobiles*), quoiqu'on puisse en détacher des fragments. Mais les articles précités font entrer dans la même catégorie les bâtiments, ainsi que les arbres et plantes de toute nature, parce qu'ils accèdent au sol et s'y incorporent. Les mines concédées par le gouvernement sont des immeubles souterrains dont la propriété est reconnue par la loi, comme ne se confondant pas avec le droit sur la surface (1).

II. — Quant à l'art. 519, il ne faut pas le prendre en ce sens que, pour être *immeuble*, le moulin à vent ou à eau doit faire partie d'un bâtiment distinct, tel qu'une maison d'habitation.

D'abord le moulin isolé peut être adhérent à la construction qui lui sert de base : il est alors lui-même un bâtiment *sui generis*, incorporé au sol par la maçonnerie ou les piliers sur lesquels il est fondé ; et, par suite, la lettre même de l'art. 518 lui devient applicable. L'art. 531, placé dans le chapitre *des meubles*, rentre dans cette manière de voir ; car, d'après son texte, pour que les usines soient *meubles*, il faut les supposer tout à la fois « non fixées par « des piliers, *et* ne faisant point partie de la maison ».

Mais, comme le dit M. Demolombe, lors même que la machine à moudre n'est que posée sur des fondements en pierre ou en bois préparés pour la recevoir, elle fait partie de ce bâtiment, lequel n'existe que pour la recevoir ; et peu importe qu'on puisse l'enlever sans fracture ni descelle-

(1) V. art. 552, et loi du 21 avril 1810, *concernant les mines*, etc., art. 7 et 8, 1er alin. Comp. les droits de *superficie* indiqués dans les art. 553 et 664.

ment, car des portes ou des fenêtres posées sur leurs gonds, et pouvant être enlevées à volonté sans rien détériorer, n'en sont pas moins des portions intégrantes de la maison (1).

III. — Les plantes font partie du sol tant qu'elles y vivent et s'en nourrissent. Autrefois, dans certaines parties de la France, on admettait que les fruits devenaient meubles, quand ils étaient arrivés à leur maturité et pouvaient être recueillis. Cette doctrine se trouve écartée par la disposition de l'art. 520 : les fruits, pour être mobilisés, doivent être coupés ou détachés du sol d'une manière quelconque, suivant leur nature ; mais, une fois séparés, ils ont une existence propre, et ils deviennent meubles, lors même qu'ils resteraient posés sur le sol, dont ils ne font plus partie. Cette disposition prévient toutes les difficultés qui pouvaient surgir, dans les pays dont nous parlions, sur le point de savoir si le temps de la récolte était ou non arrivé (2). Mais cela, peut-être, aurait pu mener à croire que, du moment où une récolte est commencée, tous les fruits qui doivent en faire partie se trouveraient à la fois mobilisés, même pour la partie encore adhérente au fonds. Cette conséquence est repoussée par la fin de l'article. Tout ce qui est détaché du sol est meu-

(1) M. Demolombe, *De la distinction des biens, etc.*, t. I, n° 125, où il cite, en ce sens, un arrêt de la Cour de cassation du 12 mai 1834 (aff^re Mariage). Cet arrêt, qui casse un jugement rendu en sens contraire par le tribunal de Valenciennes, a été rendu sur le pourvoi de l'administration de l'enregistrement.

(2) En matière de ce qu'on appelle *saisie-brandon* ou saisie des fruits pendants par racines, la loi a fixé une règle uniforme, en disant que « la saisie-brandon ne pourra être faite que dans les six semaines « qui précéderont l'époque ordinaire de la maturité des fruits » (*Cod. de proc. civ.*, art. 626).

ble ; tout ce qui est encore adhérent au sol est immeuble. Cette règle très-simple a de nombreuses applications. Ainsi, quand une communauté entre époux vient à se dissoudre pendant les travaux d'une récolte, la masse à partager comprend les fruits déjà *perçus* (V. art. 1401, 2°) ou détachés du sol ; mais les autres fruits, encore pendants par branches ou par racines au moment où la communauté s'est dissoute (V. art. 311 et 1441), appartiennent à l'époux propriétaire de l'immeuble ou à ses héritiers.

IV. — *Des cas où les fruits encore pendants sont traités comme meubles.* — La volonté de l'homme peut, dans les contrats ou dans les actes de dernière volonté, disposer des fruits non encore détachés, et les traiter ainsi comme ayant dès à présent une existence propre ; c'est ce qui arrive, par exemple, quand on vend une récolte sur pied. En pareil cas, si l'acheteur se marie, avant la récolte, sous le régime de la communauté, cette récolte, n'étant qu'une valeur mobilière, entrera *définitivement* dans la masse commune, quel que soit le moment où, plus tard, les fruits ont été perçus ; ou si l'on suppose que cet acheteur vient à mourir, laissant deux légataires à titre universel, l'un des immeubles et l'autre des meubles (V. art. 1010), la récolte achetée devra appartenir à ce dernier, quoique non encore faite lors du décès du testateur.

Du reste il en serait exactement de même si l'on suppose l'achat d'une construction à démolir ; car l'acquéreur n'a droit qu'à des matériaux, objets mobiliers. Ces résultats ne font pas de difficultés, et sont journellement reconnus en matière fiscale.

Déjà, plus haut, nous avons dit un mot de la *saisie-brandon* ou saisie des fruits encore pendants, mais dont la maturité est proche (1). Les formes en sont très-analogues à celles de la saisie ordinaire de meubles corporels, dite *saisie-exécution* (V. C. de pr., art. 634).

Ajoutons ici que dans le cas de saisie d'un immeuble ou *saisie immobilière* (C. de pr., art. 673 et suiv.), les fruits non encore détachés, et qui seraient naturellement adjugés avec l'immeuble, peuvent aussi être vendus séparément, aux enchères ou de toute autre manière, en vertu d'une ordonnance du président du tribunal, rendue sur référé. Le prix en est alors distribué avec celui de l'immeuble par ordre d'hypothèque (*ibid.*, art. 681 et 682) (2).

Lorsque les fruits non encore détachés sont ainsi vendus à la suite d'une *saisie-brandon* ou d'une saisie immobilière, l'acquéreur ou l'adjudicataire acquiert immédiatement sur la future récolte un droit purement *mobilier*, comme dans le cas de vente à l'amiable faite par le propriétaire.

V. — *Des coupes de bois.* — Les coupes de bois taillis constituent de véritables fruits, auxquels s'appliquera toujours ce que nous disons des fruits en général (art. 521; Comp. art. 590). Il en est ainsi des futaies lorsqu'elles ont été mises en coupes réglées (même art. 521 ; Comp. art. 591). Les futaies sont de gros arbres conservés sur plusieurs coupes de taillis (3). On les regarde comme une

(1) Le mot *brandon* indiquait autrefois dans certaines provinces un piquet surmonté de paille, que l'on mettait sur le terrain pour indiquer la saisie des fruits.

(2) Dès que la saisie immobilière a été transcrite au bureau des hypothèques, les fruits sont dits être *immobilisés*, parce que le saisi ne peut plus en disposer, par vente, bail ou acte quelconque, au préjudice des créanciers saisissants. Les loyers ou fermages (fruits *incorporels*) suivent également le sort de l'immeuble, à partir de la transcription (même art. 682; Comp. art. 678).

(3) « En termes d'eaux et forêts, on entend par arbre de futaie un

sorte de capital réservé, et ne devant plus fournir de revenu en bois, à moins que les propriétaires ne les aient mises en *coupes réglées*, c'est-à-dire faites à des époques régulières, soit en coupant alors tous les arbres qui se trouvent dans une portion déterminée du terrain forestier, soit en prenant un nombre fixe d'arbres sur toute la surface du domaine (art. 591). L'art. 590 mentionne aussi, comme pouvant profiter à l'usufruitier, à titre de fruits, les coupes de *baliveaux*, arbres conservés dès la première coupe du taillis, et dont parle Merlin dans le passage cité à la note précédente.

Notre art. 521 a manifestement pour objet de prévenir une erreur qui aurait pu naître dans les esprits au sujet, soit des bois taillis, soit des futaies mises en coupes réglées. On aurait pu croire que, ces coupes ayant lieu à des époques parfaitement déterminées, il ne fallait pas leur appliquer le principe ordinaire suivant lequel les fruits, pour être mobilisés, doivent avoir été séparés du sol.

VI. — *Des tuyaux de conduite des eaux* — L'art. 523 nous paraît devoir être mieux placé avant l'art. 522. Ce dernier se trouve ainsi rattaché immédiatement aux articles 524 et 525, qui traitent comme lui de ce qu'on appelle *immeubles par destination*, et dont le caractère immobilier tient non à la nature même de l'objet, mais à la *volonté du propriétaire*. Evidemment les tuyaux dont il est parlé ici,

arbre qui a cinquante ans passés; jusque-là on l'appelle baliveau moderne, ou baliveau sur le taillis, ce qui dépend de son âge. Merlin, *Rép. de jurisp.*, v° *Futaie*. Le savant auteur explique ensuite que le baliveau *sur taillis* est conservé sur une première coupe, et le baliveau dit *moderne* sur deux coupes. C'est après la troisième coupe du taillis que l'arbre, pourvu qu'il ait alors plus de cinquante ans, passé à l'état de *futaie*.

et qui servent à la conduite des eaux, soit pour l'irrigation des terrains, soit pour leur drainage, soit pour des usages domestiques, sont déclarés *immeubles* par l'article, comme *partie du fonds auquel ils sont attachés ;* or tel est le caractère de ce qui est immeuble *par nature*. Si les tuyaux étaient placés uniquement pour une industrie particulière au locataire, la solution pourrait être différente ; mais, selon nous, en général, il vaut mieux maintenir le principe intact, sauf ce qui aurait pu être convenu entre les parties. Le propriétaire doit pouvoir retenir les conduits dont il s'agit, comme toute autre *addition faisant partie de l'immeuble* (constructions, plantations, portes, fenêtres, etc.), en payant au locataire le montant de sa dépense (V. art. 555) (1).

DES IMMEUBLES PAR DESTINATION

ART. 522. — « Les animaux que le propriétaire du fonds livre au fermier ou au métayer pour la culture, estimés ou non, sont censés immeubles, tant qu'ils demeurent attachés au fonds par l'effet de la convention.

« Ceux qu'il donne à cheptel à d'autres qu'au fermier ou métayer sont meubles. »

ART. 524. — « Les objets que le propriétaire d'un fonds y a placés pour le service et l'exploitation de ce fonds sont immeubles par destination.

« Ainsi, sont immeubles par destination, quand ils ont été placés par le propriétaire pour le service et l'exploitation du fonds,

« Les animaux attachés à la culture ;

« Les ustensiles aratoires ;

« Les semences données aux fermiers ou colons partiaires ;

« Les pigeons des colombiers ;

« Les lapins des garennes ;

« Les ruches à miel ;

« Les poissons des étangs ;

(1) Comp. M. Demolombe, t. I, nos 149 et 150.

« Les pressoirs, chaudières, alambics, cuves et tonnes ;

« Les pailles et engrais.

« Sont aussi immeubles par destination, tous effets mobiliers que le propriétaire a attachés au fonds à perpétuelle demeure. »

ART. 525. — « Le propriétaire est censé avoir attaché à son fonds des effets mobiliers à perpétuelle demeure, quand ils y sont scellés en plâtre ou à chaux ou à ciment, ou lorsqu'ils ne peuvent être détachés sans être fracturés et détériorés, ou sans briser ou détériorer la partie du fonds à laquelle ils sont attachés.

« Les glaces d'un appartement sont censées mises à perpétuelle demeure, lorsque le parquet sur lequel elles sont attachées fait corps avec la boiserie.

« Il en est de même des tableaux et autres ornements.

« Quant aux statues, elles sont immeubles lorsqu'elles sont placées dans une niche pratiquée exprès pour les recevoir, encore qu'elles puissent être enlevées sans fracture ou détérioration. »

I. — Les biens immeubles par destination sont des objets mobiliers qui ne font point partie intégrante du fonds, mais qui sont regardés comme attachés à ce fonds, à raison de la destination que leur a donnée *lui-même* le propriétaire (1). Sur cette classe d'immeubles on ne trouvait dans notre ancien droit que des rudiments ou essais très-incomplets (2). Cela explique comment, dans le Titre *Des donations entre-vifs et des testaments*, qui fut décrété le 13 floréal an XI (3 mai 1803), c'est-à-dire huit mois avant le Titre *De la distinction des biens*, décrété le 4 pluviôse an XII (2 janvier 1804), on a pu croire utile de dire (art. 1064) que « les bestiaux et ustensiles servant « à faire valoir les terres, seront censés compris dans

(1) C'est là ce qui établit une différence capitale entre les immeubles *par leur nature* et les immeubles *par leur destination*. Quant aux premiers, on n'a pas à examiner quelle personne a fait les constructions, plantations, etc., sauf les questions d'indemnité à régler avec le propriétaire, ainsi que nous l'avons indiqué plus haut.

(2) Comp. M. Demolombe, nos 221 à 223.

« les donations entre-vifs ou testamentaires desdites « terres, etc. (1) » ; aujourd'hui, ce n'est là qu'une application du principe général posé dans l'art. 524, dont nous venons de copier le texte. Le législateur moderne a donné une pleine satisfaction au vœu de Pothier, qui regrettait de voir séparer de la terre (par suite de legs, succession aux propres, saisies, etc.) les animaux et ustensiles employés par le propriétaire à l'exploitation.

Aujourd'hui donc tous les objets devenus immeubles à raison de la *destination du propriétaire* se confondent avec cet immeuble, et sont vendus, légués, hypothéqués et saisis avec lui, sauf les clauses contraires résultant de la volonté des parties.

II. — *Du cheptel de bétail* (2). — Le premier alinéa de l'art. 522 régit un cas spécial pour lequel il aurait suffi de ce que dit l'art. 524, au sujet des « animaux attachés « à la culture » ; en effet, l'art. 522 suppose des animaux livrés par le propriétaire au fermier ou au métayer (3) pour la culture, et attachés ainsi au fonds. S'ils cessent d'être affectés à l'exploitation, ils deviennent meubles. Par exemple si, le mode de culture étant changé, les animaux, tels que les bœufs de labourage, ne doivent plus être employés ; ou encore si, la culture du domaine ne changeant

(1) Copié à peu près littéralement sur l'ordonnance de 1747, *concernant les substitutions*, tit. Ier, art. 6.

(2) *Cheptel*, mot sur l'origine duquel on dispute. Est-ce, comme le veulent Coquille et Ducange, un dérivé du latin vulgaire *capitale* (*capital* en têtes de bétail)? ou n'est-ce qu'un vieux mot désignant *le bétail*, comme le mot anglais *cattle?*

(3) Le premier paye un prix annuel pour son bail. Le second fournit au propriétaire une portion des fruits, ordinairement la moitié ; c'est ce qui le fait appeler aussi *colon partiaire* (V. art. 524, 5e alin. ; 585, 2e alin , et 1827 à 1830).

point, on suppose que le propriétaire vende les animaux au fermier, pour que celui-ci en dispose à son gré. Dans ce dernier cas les objets, devenus meubles pour le fermier, pourront être saisis mobilièrement sur lui (1).

Il faut remarquer dans l'art. 522 ces mots : *estimés ou non*. On aurait pu croire que, les animaux ayant été *estimés*, le fermier ou le métayer devenait propriétaire du troupeau ou du cheptel, et débiteur *du prix de l'estimation*, en appliquant ici la formule : *estimatio facit venditionem* (Comp. art. 1551). Mais il n'en est pas ainsi, et le cheptelier, par suite de l'estimation, doit, à l'expiration du bail, laisser des bestiaux en nature d'une valeur pareille (V. art. 1821, 1822, 1826, 1830) (2). Le fermier ou métayer peut d'ailleurs, très-régulièrement, vendre les vieilles têtes de bétail, en les remplaçant par d'autres ; et il dispose du croît, pourvu qu'il garde assez de jeunes têtes pour entretenir le cheptel en bon état ; ce sont là des actes d'administration qui doivent être appréciés de bonne foi.

Le second alinéa de l'art. 522 suppose que le cheptel a été remis « à d'autres qu'au fermier ou métayer ». Dans ce cas, les animaux, estimés ou non estimés, ne servant pas à l'exploitation du fonds même du propriétaire, n'ont pas la *destination* qui peut les attacher à ce fonds et les immobiliser ; aussi le texte les déclare-t-il

(1) Le droit lui-même au bail n'est, selon l'opinion et la pratique générales, qu'un droit mobilier ; il tombe en communauté, passe au légataire des meubles, etc. Cela posé, on concevrait que le législateur eût décidé que les animaux et les ustensiles d'exploitation, appartenant au fermier, ne pourraient être saisis mobilièrement *qu'avec le droit au bail ;* mais cette règle n'existe certainement pas. (V. plus loin ce que nous disons de l'usufruit.)

(2) Seulement le *colon partiaire* ou *métayer* ne peut être tenu de la perte du cheptel, s'il a péri *en entier* par cas fortuit (art. 1827 et 1828).

meubles. Au reste, cette partie de l'article est mal rédigée ; car peu importe que le cheptel donné en ce cas au fermier ou au métayer le soit par le *propriétaire d'un fonds* ou par tout autre.

III. — *Question relative à l'usufruitier*. — La règle sur l'immobilisation s'applique-t-elle aux objets placés *par un usufruitier* pour le service et l'exploitation du fonds grevé d'usufruit (1) ? Dans le sens de l'affirmative, on a invoqué la définition que la loi donne de l'usufruit, en disant qu'il est « le droit de jouir des choses dont un « autre a la propriété *comme le propriétaire lui-même*, « mais à la charge d'en conserver la substance » (art. 578). Il y aurait donc là une sorte de propriété temporaire, et les objets destinés à l'exploitation par l'usufruitier suivraient le sort de l'usufruit, comme ceux du propriétaire s'attachent à la propriété (2). Si donc l'usufruitier vendait ou hypothéquait son droit, il vendrait ou hypothéquerait en même temps les accessoires dont nous parlons (Comp. art. 595 et 2118, 2°). Ces objets ne pourraient être expropriés à part ; ils seraient, à l'inverse, englobés dans la saisie immobilière de l'usufruit (V. art. 2204) ; ils ne tomberaient pas dans la communauté de l'usufruitier (art. 1402, 1404 et suiv.), et ce dernier, la communauté venant à se dissoudre, reprendrait le fonds avec les accessoires immobilisés (Comp. art. 1470, 1°) (3).

(1) Cette question embrasse toutes les hypothèses où les objets seraient certainement immeubles, si la destination venait du propriétaire (art. 522, 524 et 525).

(2) V., en ce sens, M. Duranton, t. IV, n° 59, et d'autres auteurs cités par M. Demolombe, *Des biens, etc.*, t. I, n° 210.

(3) V. M. Demolombe, *Ibid.*

La même solution serait donnée sans difficulté et *a fortiori* au profit de l'emphytéote, celui-ci ayant un droit réel immobilier de jouissance, plus étendu que le droit de l'usufruitier (1).

Cette doctrine a sans doute l'avantage d'empêcher, dans bien des cas, l'exploitation d'être arrêtée par l'enlèvement des accessoires nécessaires. Par exemple, une saisie-exécution, faite par un créancier pressé de vendre, ne pourra enlever au fonds les bœufs de labour, les ustensiles aratoires, etc., que l'usufruitier y avait placés ; et, dans l'espèce indiquée plus haut, où l'usufruitier est marié en communauté, celui-ci reprendra le fonds avec ce qui sert à le faire valoir, au lieu de le retrouver nu et dégarni.

Tout cela est vrai ; mais, d'un autre côté, il nous semble trop hardi de donner à des objets mobiliers par leur nature une qualité immobilière, sans avoir un texte formel de loi ; car nous ne pouvons juger tel l'art. 578 : cet article exprime seulement que l'usufruitier a un *droit de jouissance complet*, aussi complet que celui d'un propriétaire, en conservant la substance de la chose (2). Quand il s'agit des immeubles *par leur nature*, la loi s'exprime en termes généraux et absolus, sans rechercher quel est l'auteur des constructions, plantations, etc.

(1) La jurisprudence admet que des droits de cette nature peuvent encore être établis aujourd'hui. Elle applique, à cet égard, les lois des 18-29 décembre 1790, 11 brum. an VII, art. 6, et divers autres actes législatifs (qui pourraient n'avoir trait qu'au passé), tels qu'un avis du Conseil d'État, du 2 février 1809. Notre Code est muet sur l'emphytéose (Comp. art. 526 et 2118).

(2) D'où il résulte que l'usufruitier a droit à *tous les fruits*, ou produits périodiques de la chose, eu égard à sa destination (V. art, 582 et suiv.).

(art. 517 à 521 et 523). Au contraire, les art. 522, 524 et 525 emploient quatre fois le mot *propriétaire*, pour indiquer celui qui peut créer des *immeubles par destination;* il y a donc là une direction supérieure qui peut seule, d'après la loi, unir les objets au fonds qu'ils servent à exploiter, en sorte qu'ils se confondent dorénavant avec lui.

IV. — Demandons-nous maintenant pourquoi cette prédominance tout exceptionnelle donnée à la volonté du propriétaire. L'examen de ce point, qui est un peu obscur, va nous arrêter quelques instants.

D'abord on peut être tenté de dire que l'immobilisation des meubles résulte ici de leur *destination perpétuelle* au service de l'immeuble, et que cela suppose le fait du propriétaire, dont le droit est seul perpétuel. Cette pensée de la loi paraîtrait se révéler dans le dernier alinéa de l'art. 524, où sont déclarés « immeubles par destination « tous effets mobiliers que le propriétaire a attachés au « fonds *à perpétuelle demeure* » (1).

Néanmoins nous ne pouvons adopter cette formule générale, car les mots *à perpétuelle demeure* ne se trouvent point dans les deux premiers alinéas de l'art. 524, qui traite du service et de l'exploitation du fonds, mais seulement dans le dernier alinéa, pour annoncer une autre classe d'objets immobilisés, dont va s'occuper l'art. 525, objets qui, tenant au fonds par une attache ou une dépen-

(1) Telle est la doctrine de notre éminent collègue M. Demolombe, qui (n° 211) réunit dans son explication les articles 524 et 525. Leur texte, dit-il, exige... « que les objets aient été placés par le proprié- « taire *à perpétuelle demeure;* or, l'usufruitier n'a pas, ne peut pas « avoir cette intention; car son droit est temporaire, il finit nécessai- « rement avec lui, et il peut même finir avant lui. » (Art. 580, 619, 620.)

dance matérielle évidente, servent à *orner* le fonds et non à *l'exploiter*.

Quant aux objets placés par le propriétaire pour le service et l'exploitation du fonds, il n'est point parlé de *perpétuelle demeure*. Non pas, selon nous, que ce langage eût été ridicule appliqué à plusieurs des objets que l'article énumère, tels que les semences, les pailles et engrais, les lapins des garennes et les poissons des étangs (1); car la perpétuité n'est pas étrangère aux choses de cette nature, qui ne se renouvellent que *partiellement*, au fur et à mesure de la consommation, et subsistent dans leur ensemble, comme les animaux eux-mêmes servant à la culture, les utensiles, etc. Le motif de cette omission est autre; et, selon nous, voici à cet égard la véritable pensée de la loi. Elle a voulu que les objets destinés à l'exploitation par le propriétaire fussent immobilisés, quand même *la perpétuité de la destination* serait contredite par les faits. Ainsi, par exemple, le propriétaire avait vendu le cheptel au fermier, sous la condition que ce cheptel serait affecté à l'exploitation *pendant la durée du bail*, et ne pourrait être déplacé. On peut encore supposer un usufruit établi sur un troupeau (V. art. 616), et l'usufruitier employant les animaux à l'exploitation d'un fonds *qui lui appartient*. Dans ces cas et autres semblables, l'immobilisation aura lieu, quoique *pour un temps seulement*, parce qu'il s'agit de protéger *la propriété du fonds*. Mais cette faveur ne sera pas accordée à des droits *temporaires* établis sur l'immeuble, droits moins importants, et pour

(1) Comp. l'article de M. Coin-Delisle sur l'immobilisation des meubles corporels, *Revue crit. de législ. et de jurispr.*, t. XII, n° 29, p. 404 et 405.

lesquels on n'a pas cru devoir déroger aux règles ordinaires sur le classement des biens.

Des objets énumérés dans l'art. 524.

L'art. 524 entre dans quelques détails sur les objets mobiliers placés par le propriétaire pour le service et l'exploitation du fonds. Jusqu'à présent nous n'en avons parlé qu'en termes généraux.

I. — Après les ustensiles aratoires et les animaux attachés à la culture, l'article mentionne « les semences données aux fermiers ou colons partiaires »; en effet la destination de ces objets au profit du fonds est évidente. Et il en est de même des « pailles et engrais » (dont parle la fin de l'article), qui auraient été donnés aux fermiers, etc. (Comp. art. 1778). Il faut aussi traiter comme immobilisées les semences destinées aux terres, bien que le propriétaire cultive par lui-même, car elles servent à l'exploitation du fonds (1er alin. de notre art. 524), tandis que la partie des grains récoltés qui est destinée à la vente sera meuble (1). Le mot *ainsi*, qui commence le second alinéa de l'article, montre que le rédacteur n'a pas entendu faire une énumération complète des *immeubles par destination*, mais seulement en indiquer les principaux.

II. — *Des pigeons des colombiers, etc.* — En continuant l'examen de notre article, on y trouve indiqués « les « pigeons des colombiers, les lapins des garennes, les « ruches à miel, les poissons des étangs. »

(1) Cette distinction doit évidemment s'appliquer aux « pailles » provenant des récoltes, et aussi aux « engrais », selon les cas. Ce qui doit être vendu reste meuble. (Comp. Pothier, *De la communauté*, n° 40.)

Pourquoi ces animaux sont-ils qualifiés immeubles par destination? Si nous nous reportons à un passage du *Traité de la communauté* de Pothier (1), nous y voyons que, d'après lui, « les poissons sont censés faire partie de « l'étang, les lapins de la garenne, les pigeons du colom- « bier où ils se trouvent *dans leur liberté naturelle*, et avec « lequel ils sont censés ne faire qu'un seul et même tout. » Et, en effet, ils sont ou sauvages, ou à demi sauvages; le propriétaire ou possesseur ne les a pas absolument sous sa main pour en disposer à sa volonté, et ne pourrait même en connaître exactement le nombre. Pothier développe un peu plus loin son idée, en ajoutant que « le pro- « priétaire d'un étang où il y a des poissons, d'une garenne « où il y a des lapins, d'un colombier où il y a des pigeons, « est seulement propriétaire d'un étang empoissonné, d'une « garenne peuplée de lapins, d'un colombier où il y a des « pigeons, etc. », tandis qu'il faut regarder comme meubles les poissons mis dans un réservoir, ainsi que les lapins élevés dans un grenier ou dans une cabane, ou enfin des pigeons sédentaires (2), dont chacun est à la disposition du maître, comme le sont les volailles de la basse-cour.

C'est encore la même pensée qui domine l'art. 564 du Code, où il est dit que « les pigeons, lapins, poissons, « qui passent dans un autre colombier, garenne ou étang,

(1) Nos 41 et suiv. Pothier recherche ici quels sont les immeubles par destination, pour déterminer les choses qui n'entrent pas dans la communauté légale.

(2) Pothier suppose les pigeons « élevés sous une mue ou enfermés « dans une volière »; mais cette circonstance n'est pas toujours nécessaire pour qu'ils restent *meubles*, car ceux de l'espèce tout à fait domestique ne s'écartent presque point de la volière ouverte, où ils trouvent leur nourriture.

« appartiennent au propriétaire de ces objets, pourvu « qu'ils n'y aient point été attirés par fraude et artifice (1). » On les regarde comme de simples accessoires du lieu où ils viennent s'établir.

Il résulte de là, bien évidemment, qu'il faut prendre dens un sens très-large le texte de notre article, quand il présente ces divers animaux, d'une nature plus ou moins sauvage, comme des « objets que le propriétaire y a « placés pour le service et l'exploitation du fonds ». Pour le service, oui ; mais non pour l'exploitation, dans le sens propre du mot (2). Et ces mêmes animaux eux-mêmes ne sont considérés ici que d'une manière extrêmement vague, puisque leur nombre peut s'être accru, en dehors de leur reproduction naturelle, par l'arrivée d'individus étrangers, comme le suppose l'art. 564. Bien plus, il n'est pas impossible que l'empoissonnement total d'un étang (3) ait lieu par la communication avec une rivière ou avec des étangs voisins. Des garennes *ouvertes* pourraient aussi être disposées dans un fonds pour recevoir les lapins du voisinage, qui viendraient y former une sorte de colonie (4). Quant aux colombiers, nous ignorons si, étant laissés vides, ils se trouveraient jamais peuplés en entier de

(1) En supposant qu'il y ait eu *fraude et artifice* pour attirer ces animaux, on ne conçoit pas que la partie lésée puisse obtenir autre chose que des dommages et intérêts. Comment, en effet, reconnaître, pour les *revendiquer*, les poissons, lapins, etc., qui ont déserté une localité pour l'autre?

(2) D'après le troisième projet de Cambacérès, présenté au conseil des Cinq-Cents, les pigeons des colombiers, les lapins des garennes et les poissons des étangs étaient nettement distingués des animaux *servant à l'exploitation des terres*. V. ce projet, art. 400 (Fenet, t. I, p. 241).

(3) Formés ordinairement par la retenue d'eaux courantes dans un endroit profond, au moyen de barrages.

(4) Comp. Merlin, *Rép. de Jurisp.*, v° *Garenne.*

pigeons étrangers. Quoi qu'il en soit, on ne peut douter que, dans beaucoup de cas, les animaux, sinon pour le tout, du moins en partie, auront été *reçus* (qu'on nous permette le mot) et non *placés* dans les lieux par le propriétaire (1).

III. — Les animaux dont il s'agit étant déclarés *immeubles par destination*, notre éminent collègue M. Demolombe croit devoir en conclure (n° 276 *bis*) « qu'il faut (pour que les poissons des étangs, etc., soient immeubles) « qu'ils aient été *placés sur le fonds par le propriétaire* (2), « et que s'ils avaient été placés par un fermier ou par « un usufruitier, celui-ci aurait, à la fin de sa jouissance, « le droit de les enlever ou de les détruire. »

Mais d'abord nous venons de voir qu'on doit entendre dans un sens très-large le mot *placés* de l'article 524, en tant qu'il s'applique aux animaux dont il s'agit. Puis, arrivant à l'observation même de M. Demolombe, nous disons que le premier établissement du colombier, de la garenne ou de l'étang peut être l'œuvre d'un fermier ou d'un usufruitier, etc., ou, en général, de tout autre détenteur que son titre oblige à restituer (détenteur *précaire*), tel que l'antichrésiste (V art. 2086 et suiv.) (3). Dans des cas pareils, il faut bien admettre que ce qui aura été ainsi créé (garenne, étang ou colombier) est devenu partie

(1) Ceci vient à l'appui de la doctrine de M. Demolombe (n°s 218 et 276 bis), qui range ces objets dans une classe particulière d'*immeubles par destination :* ceux dont l'attache au sol vient en grande partie de causes naturelles, et qui déjà, dans l'ancien droit, étaient regardés comme une dépendance des lieux.

(2) Ces derniers mots ne sont pas soulignés dans le texte original.

(3) Nous ne parlerons pas de celui qui *possède* de bonne ou de mauvaise foi *à titre de propriétaire* (V. art. 2229), parce que M. Demolombe lui applique sans difficulté les art. 522, 524 et 525.

intégrante de l'immeuble, et, dès lors, pourra être conservé par le propriétaire à la fin de la jouissance du fermier, etc., sauf le règlement de l'indemnité, suivant les cas, pour les impenses ou la plus-value (Comp. art. 555 et 599). Or, si le propriétaire du domaine a la propriété du colombier, de la garenne ou de l'étang, lui seul peut être propriétaire des animaux, considérés dans leur ensemble, qui peuplent ces localités et en sont comme une dépendance. A plus forte raison faut-il le dire, si le fermier ou usufruitier n'a fait que mettre tout ou partie des animaux dans les colombiers, garennes, etc., déjà antérieurement préparés. Ce fermier ou usufruitier ne pourrait même les reconnaître, et les distinguer d'autres animaux qui habitaient déjà les lieux avant les dépenses par lui faites pour le peuplement, ou qui sont venus s'y établir depuis. Comment accorder au détenteur, à la fin de sa jouissance, « le droit de les enlever ou de les détruire » ? Et s'il n'use pas de ce prétendu droit, comment dire que, en pareil cas, le propriétaire du fonds venant à se marier, les étangs, garennes ou colombiers lui resteraient propres, tandis que les lapins, poissons, etc., qui s'y trouvent, tomberaient à la fois en communauté?

IV. — *Des ruches à miel.* — Pothier n'applique pas aux ruches à miel la même doctrine, et il combat les auteurs qui prétendent le faire. Voici comment il s'exprime, à cet égard, dans le n° 42 du *Traité de la communauté :* « De ce que la coutume déclare immeubles les poissons qui sont dans un étang dans leur liberté naturelle, Chopin, sur la *Coutume de Paris*, et Lebrun, en son *Traité de la communauté*, en ont mal à propos conclu que les abeilles devaient aussi être pareillement réputées immeubles, parce qu'elles sont dans leur liberté naturelle dans leurs ruches, etc., d'où elles vont et viennent où il leur plaît. » Pothier déclare que « la fausseté de cette conséquence est évidente »; car, dit-il, si les poissons d'un étang sont immeubles, « c'est parce que l'étang avec lequel ils sont censés ne faire qu'un seul et même tout, est un immeuble. Au contraire, une ruche, avec laquelle les abeilles, qui y sont dans leur liberté naturelle, ne composent qu'un même tout, étant un meuble qui entre dans la communauté légale, les abeilles de cette ruche doivent pareillement avoir la qualité de *meuble*, et entrer avec la ruche dans la communauté légale. »

On voit que notre Code a préféré à l'opinion de Pothier celle de Chopin et de Lebrun, probablement à cause de la règle nouvelle, qui répute immeuble tout ce que le propriétaire affecte à l'exploitation du fonds. Cette règle, entendue très-largement, aura fait considérer les ruches à miel comme immeubles par destination, quoique les abeilles ne butinent pas dans le fonds seulement où se trouve leur ruche (à moins de le supposer immense), et s'en éloignent parfois à des distances considérables. Du reste, les ruches n'étant pas incorporées au fonds, comme le sont les garennes, les étangs et les colombiers, ne peuvent être réputées immeubles que dans le sens précis et littéral, c'est-à-dire sous la condition d'avoir été placées *par le propriétaire*.

V. — *Des vers à soie.* — On s'est demandé au Conseil d'État si, dans l'art. 524, après les ruches d'abeilles et par identité de motifs, on ne mentionnerait pas les vers à soie. Cette addition a été écartée, parce que les vers se renouvelant en entier tous les ans, leur possession n'a aucun caractère de fixité et de permanence, et que d'ailleurs l'industrie qui s'en occupe est rarement liée à l'exploitation d'un domaine rural ou autre (1).

VI. — *De divers autres objets servant à l'exploitation.* — Notre article comprend encore parmi les *immeubles par destination* les pressoirs, chaudières, alambics, cuves et tonnes, destinés par le propriétaire à convertir en vin, eau-de-vie, cidre, bière, etc., les produits du fonds ; de même encore, les ustensiles nécessaires à l'exploitation des forges, papeteries et autres usines, et placés par le propriétaire qui exploite l'établissement, ou qui l'a donné à bail tout garni et aménagé. Si le matériel a été apporté dans les lieux par le locataire, pour l'exercice de son industrie, il reste meuble, comme l'attirail agricole appartenant au fermier (2). Il faut rapprocher des derniers alinéas de notre texte l'art. 8 de la loi du 21 avril 1810 *sur les mines*, laquelle répute immeubles, par nature ou par destination, « les bâtiments, machines, puits, galeries « et autres travaux établis à demeure, conformément à « l'art. 524 du Code Napoléon, et aussi les chevaux (3), « agrès, outils et ustensiles servant à l'exploitation. »

VII. — *Dernières observations sur l'article* 524. — Comme nous l'avons déjà remarqué plus haut (4), l'énumération que fait l'article de certains objets n'est point

(1) Séance du Conseil d'État du 20 vend. an XII (Fenet, t. XI, p. 12).

(2) V. ci-dessus p. 19 et suiv.

(3) Il s'agit là, comme l'exprime l'article lui-même, des chevaux « exclusivement attachés aux travaux intérieurs des mines », et non de ceux qui seraient employés au dehors pour transporter chez les acheteurs, ou dans des magasins, etc , les produits de l'exploitation.

(4) P. 25.

limitative; le mot *ainsi*, qui commence le deuxième alinéa du texte, montre que le rédacteur n'a voulu que donner des exemples. On regardera donc certainement comme immeubles par destination les pompes à feu attachées au service des bâtiments, et les bateaux ou bacs, qui servent à traverser l'eau pour entrer dans la propriété et pour en sortir, lorsqu'ils appartiennent au propriétaire.

Nous n'ajouterons pas ici les tuteurs des arbres et des plantes en général, ni les échalas des vignes, car ces objets ne sont que les accessoires des plantes ou des ceps de vignes; dès lors ils s'incorporent à l'immeuble, et en font partie comme les plantes elles-mêmes, quelle que soit d'ailleurs la personne qui les a mis dans le fonds. Quant aux *titres de propriété*, ils forment une classe à part d'objets mobiliers, qui doivent nécessairement appartenir au propriétaire, parce qu'ils lui servent à *établir son droit* (Comp. art. 1605).

Des objets énumérés dans l'art. 525.

Le dernier alinéa de l'art. 524 annonce les matières contenues dans l'article suivant par cette phrase : « Sont « aussi immeubles par destination, tous effets mobiliers « que le propriétaire *a attachés au fonds à perpétuelle* « *demeure* (1). »

I. — Le commencement de l'art. 525 parle d'objets scellés à plâtre, à chaux ou à ciment, et qu'on ne pourrait détacher sans détériorer ces objets, ou la partie du

(1) Nos articles parlent toujours des *fonds* en général, tandis que la coutume de Paris (art. 90) se sert des mots *hôtel* et *maison;* mais les commentateurs de cet article emploient aussi le mot de *fonds* (V. ci-après, page 33, note 2). Comp. M. Coin-Delisle, *loc. cit.*, p. 501 et 502.

fonds à laquelle ils sont attachés. Ceci ne comprend point les tuiles, les portes, les balcons, les rampes d'escalier et autres choses semblables, qui font partie intégrante de l'édifice; il est question d'objets *accessoires*, qui ornent l'immeuble plutôt qu'ils ne le complètent, mais ne doivent pas en être séparés (1). C'est le propriétaire seul qui donne à ces objets le caractère d'*immeubles par destination;* un locataire ou un usufruitier pourrait toujours enlever ceux qu'il aurait placés (2).

II. — Les objets dont il s'agit peuvent être attachés autrement qu'à plâtre, à chaux, ou à ciment. Ainsi rien de plus commun à Paris de voir dans les appartements ce qu'on nomme des *moulures*, en bois ou autre substance dure, lesquelles font le tour des plafonds ou en occupent le centre, et qu'on dirait taillées dans la maçonnerie. La plupart du temps on ne les scelle pas et on se borne à les clouer; on les peint ensuite avec le reste du plafond.

L'art. 525 indique comme censés mis à perpétuelle demeure les glaces, les tableaux et autres ornements qui tiennent à un parquet faisant corps avec la boiserie. Aujourd'hui on ne voit plus guère de boiseries dans les appartements, et, par conséquent, de glaces ou tableaux immobilisés, comme le dit l'article. Mais il a été jugé plusieurs fois à Paris que, à raison d'usages nouveaux suivis dans la construction, une glace non incorporée à

(1) V. ci-dessus, p. 24.

(2) Comp. le dernier alin. de l'art. 599. — « Tous les meubles réputés immeubles par cet article (90 de la Cout. de Paris) passent avec le fonds auquel ils adhèrent à l'acheteur ou à l'héritier du fonds. Mais quant au locataire, l'usufruitier, ou son héritier, ces sortes de meubles, quoique scellés et tenant à fer, sont toujours à eux, et ils les peuvent emporter. » (De Laurière, sur l'art. 90 de la Cout. de Paris.)

une boiserie peut néanmoins, dans certains cas, être réputée mise à perpétuelle demeure. Par exemple si, en enlevant une glace, on devait faire apparaître une lacune dans le papier de tenture à l'endroit que la glace occupait. Évidemment le propriétaire a entendu que dorénavant elle ne fût plus déplacée; et en cas de vente ou d'hypothèque, etc., elle suivrait le sort de l'immeuble. En effet, les dispositions de la loi doivent s'entendre d'une manière un peu large, en ayant égard aux changements d'habitudes qu'amènent le goût et les procédés de l'industrie. On trouve d'ailleurs encore, dans de très-anciennes maisons, des tableaux incrustés dans la boiserie, notamment au-dessus des portes : et là s'appliquera le texte littéral de notre article; tandis que les tableaux suspendus aux murs, à l'aide de crochets et de cordes, restent dans la classe des meubles, dits *meubles meublants* (Comp. art. 534).

III. — Quant aux statues, l'article, par une disposition finale, les déclare *immeubles*, indépendamment d'une *adhérence matérielle*, « lorsqu'elles sont placées dans une « niche pratiquée exprès pour les recevoir, encore qu'elles « puissent être enlevées sans fracture ou détérioration. » Et, en général, il faudra décider aussi que les statues des jardins, quoique non scellées en plâtre ou à ciment, etc., par le propriétaire, mais seulement posées sur leur socle, doivent être réputées immeubles, parce que si on les enlevait, le socle ou piédestal serait dégarni. Cette lacune serait souvent même plus choquante à la vue que celle d'une niche restée vide, au dedans ou à l'extérieur de la maison : car une niche vide a encore une apparence d'ornement; et on ne peut en dire autant d'un socle de pierre, dépourvu de la statue qui doit le surmonter. La même observation doit s'appliquer aux vases qui servent de décoration dans les jardins.

On peut éprouver quelques doutes au sujet des caisses d'arbustes, orangers, grenadiers ou autres, qui garnissent les allées des jardins pendant la belle saison, et qu'on met à l'abri l'hiver dans des locaux préparés à cet effet. En principe, les arbustes et les autres plantes, quelle qu'en soit la valeur, qui ne tirent pas du sol même leur nourriture, restent meubles avec la caisse ou le vase qui les contient. Mais doit-on excepter le cas où il existe dans le fonds un lieu déterminé, tel qu'une orangerie, destiné aux arbustes dont nous parlons? Pour décider qu'ils sont alors immeubles par destination, il faudrait les regarder comme des accessoires de l'orangerie, ce qui n'est pas exact, car c'est au contraire l'orangerie qui est faite pour eux, de même qu'une bibliothèque ou une armoire est faite pour les livres ou autres objets qui doivent la garnir. Or, certes, on ne dira pas que si la bibliothèque ou l'armoire étaient incorporées à l'édifice, par un scellement à chaux ou à plâtre, etc., ou prises dans l'épaisseur des murs, les livres, etc., seraient immeubles par destination. C'est ainsi que les *meubles meublants* ne sont pas un accessoire de la maison qu'ils garnissent.

Nous rappelons que les objets dont il s'agit, pour être immobilisés et suivre dorénavant le sort de l'immeuble principal, doivent être attachés au fonds *par le propriétaire*. Le locataire qui les aurait placés les emporterait en s'en allant; de même l'usufruitier, et tout autre détenteur précaire de l'immeuble (1).

(1) V. ci-dessus, p. 21.

DES IMMEUBLES PAR L'OBJET AUQUEL ILS S'APPLIQUENT.

Nous arrivons à la dernière classe d'immeubles, celle des choses immobilières incorporelles, ou droits relatifs à des immeubles.

ART. 526. — « Sont immeubles par l'objet auquel ils s'appliquent :

« L'usufruit des choses immobilières ;

« Les servitudes ou services fonciers ;

« Les actions qui tendent à revendiquer un immeuble. »

I. — Comme on le voit, il ne s'agit ici que de *droits immobiliers*, auxquels on étend la dénomination qui appartient aux immeubles mêmes. De là des conséquences diverses ; car elles varient, à certains égards, suivant la nature des droits : c'est ce que nous allons démontrer en examinant l'article dans ses détails.

A. *De l'usufruit des choses immobilières.* — Le mot *usufruit* a évidemment ici une portée générale, et comprend non-seulement l'usufruit proprement dit, mais encore l'*usage* et l'*habitation*, qui sont aussi des droits d'user ou de jouir de la chose d'autrui, quoique plus restreints (1).

L'usufruit proprement dit, lorsqu'il porte sur des *choses immobilières*, est regardé comme un immeuble incorporel susceptible d'hypothèque (art. 2118), et dont l'expropriation forcée ne peut avoir lieu que selon les formes, et avec les garanties spéciales, de la saisie immobi-

(1) Le Titre III de notre livre II (art. 578 à 636) indique dans sa rubrique les trois espèces de droits ; puis il se divise en deux chapitres, qui traitent, le premier *de l'usufruit*, et le second *de l'usage et de l'habitation*.

lière (art. 2204 et Cod. de proc. civ., art. 673 et suiv.). Il ne tombe pas en communauté, mais reste *propre* à l'époux qui l'avait en se mariant, ou qui l'a acquis depuis à titre de succession ou de donation, etc.; le tout selon les dispositions des articles 1402, 1404 et suivants.

B. *De l'usage et de l'habitation.* — L'usage d'un immeuble et l'habitation dans une maison, n'étant pas cessibles (art. 631 et 634), ne peuvent être ni hypothéqués, ni saisis par un créancier. Ils sont incontestablement *propres* de communauté dans les cas indiqués à la fin de l'alinéa précédent (1).

C. *Des servitudes.* — Les servitudes ou services fonciers sont l'objet du Titre IV de notre Livre II. La servitude est définie (art. 637) : « Une charge imposée sur un héritage (fonds de terre ou édifice), pour l'usage ou l'utilité d'un héritage appartenant à un autre propriétaire. » On voit que, dans cette définition, l'idée de la servitude se présente tout d'abord au point de vue passif (*charge* imposée sur un héritage); et le côté actif ou le profit de cette charge (pour l'*usage* ou l'*utilité*, etc.) apparaît ensuite à la fin de la phrase. Les Romains, au contraire, quand ils emploient les mots *jura prædiorum*, considèrent surtout l'avantage attribué au fonds dominant (2). Mais peu importent ces formes de langage : en droit français comme en droit romain, on peut toujours dire que les servitudes sont des qualités juridiques (*actives* ou

(1) Nous dirons même que ces droits, à raison de leur nature intransmissible, doivent rester *propres* à l'époux dans le cas où il les acquiert à titre onéreux, nonobstant l'art. 1401, n° 3; sauf, bien entendu, la récompense qui peut être due à la communauté. (V. art. 1437, *in fine.*)

(2) V. Inst., liv. 2, tit. 2, § 3, et tit. 3.

passives) des fonds (1) ; elles en suivent donc le sort tant qu'elles existent, et sont avec lui vendues, hypothéquées, saisies, etc.

D. *Des actions qui tendent à revendiquer un immeuble.* — On entend ici parler de toutes prétentions, introduites ou non en justice, ayant pour objet d'obtenir un immeuble (2) : telles sont les actions dites en revendication, en nullité ou en rescision, en résolution, révocation ou réduction, etc. (3). Les prétentions de ces diverses natures, ayant trait à des choses immobilières, seraient propres de communauté (dans les cas indiqués plus haut), et appartiendraient au légataire des immeubles (4). Du reste, la loi n'admet pas qu'on puisse hypothéquer des *actions* ou *prétentions* de ce genre, ni en faire l'objet d'une saisie immobilière (5).

Ce qui caractérise l'action comme immobilière, c'est qu'elle tend à obtenir un immeuble (*tendit ad quid immo-*

(1) Quid aliud sunt jura prædiorum, quam prædia qualiter se habentia, ut bonitas, salubritas, amplitudo? L. 86, *De verb. signif.* (Dig. Lib. L, tit. 16).

(2) Comp. l'art. 529, qui, à l'inverse, déclare *meubles par la détermination de la loi*, les *actions* qui ont pour objet *des sommes exigibles* ou *des effets mobiliers*. Un peu plus loin (même art. 529) le mot *action* se retrouve encore, pris dans un autre sens, celui d'un droit aux bénéfices d'une société personnifiée comme être moral; et ce droit est aussi déclaré *meuble*, à l'égard de chaque associé, tant que dure la société. Mais les actionnaires de la Banque de France peuvent donner à leurs actions la qualité d'*immeubles*, par une déclaration inscrite sur le registre de la Banque (Déc. du 10 janv. 1808, art. 7).

(3) V. art. 920 à 930, 951 et 952, 953 à 966, 1183 et 1184, 1304 et suiv., 1674 et suiv., etc.

(4) Sauf le cas où la résolution est l'accessoire d'une créance de *prix de vente*.

(5) Comp. les articles précités 2118 et 2204. Mais rien n'empêcherait, selon nous, d'hypothéquer *l'immeuble lui-même*, pour le cas où on l'obtiendra par l'exercice de l'action (Comp. art. 2125).

bile). Et cela devrait s'appliquer même dans le cas où la prétention, litigieuse on non, aurait pour objet des immeubles non déterminés, mais dus *in genere* et comme quantité : il s'agirait, par exemple, de tant de mesures de terre à fournir dans telle commune.

Nous n'entrerons pas ici dans les nombreux détails que peut fournir cette matière, lorsqu'on la combine avec d'autres, par exemple avec celle de la communauté entre époux. Nous indiquerons seulement, comme étant très-certainement propre de communauté, etc., l'action en rescision de la vente d'un immeuble, pour cause de lésion de plus de sept douzièmes dans le prix, quoique l'acheteur ait le droit de garder le fonds, en payant le supplément du juste prix, sous la déduction du dixième du prix total (art. 1681). Ici l'action est absolument *immobilière;* et quant au supplément du juste prix, c'est l'acheteur qui *a la faculté* de le payer, pour échapper aux conséquences naturelles de la rescision, qui seraient *la restitution de l'immeuble.* Si donc l'acheteur aime mieux garder l'immeuble en payant un supplément de prix, la somme ainsi obtenue *par l'exercice d'une action immobilière* sera *propre* à l'époux (marié en communauté) auquel cette action appartenait.

E. *De l'hypothèque.* — Notre article n'a point fait figurer l'*hypothèque* dans son énumération. L'hypothèque est cependant « un droit réel sur les immeubles, etc. », selon la définition de l'art. 2114. Oui, sans doute; mais ce *droit réel* n'est que l'accessoire de l'obligation, au payement de laquelle sont affectés les immeubles (même article) (1). Elle est donc une sorte de qualité de la créance,

(1) V. t. I, *Cours de Code civil*, p. 334.

et accompagne cette créance qui vient à être vendue, ou léguée, ou mise en communauté (V. art. 1692). Nous avons fait, quant aux servitudes, une remarque analogue, en montrant que nécessairement elles suivent l'immeuble, qu'elles améliorent ou déprécient (1). Ces servitudes, actives ou passives, appartiennent à des *héritages* (ou immeubles), et, à l'inverse, les créances garanties par l'hypothèque sont toujours *meubles*, comme ayant pour objet *des sommes d'argent* (art. 529). Cependant l'ancien droit français admettait que l'hypothèque pouvait toujours elle-même *être hypothéquée;* aujourd'hui ce système d'hypothèque *en sous-ordre* est abandonné (2).

Observation générale. — Nous rappellerons ici les dispositions des art. 457 à 460, 464, 482, 484, 509, relatifs aux pouvoirs du tuteur, et à l'incapacité du mineur émancipé et de la femme mariée, en ce qui regarde les *immeubles*. Nous avons expliqué ces dispositions dans le tome Ier de notre *Cours de Code civil* (3).

(1) V. ci-dessus, p. 37.

(2) C'est ce que prouve l'art. 775 du C. de proc. civ. ainsi conçu : « Tout créancier peut prendre inscription pour conserver les droits de son débiteur; mais le montant de la collocation du débiteur *est distribué, comme chose mobilière, entre tous les créanciers inscrits ou opposants avant la clôture de l'ordre.* »

(3) P. 338, 558 et suiv., 589 et 590. Spécialement quant aux immeubles appartenant à la femme mariée, on peut voir les art. 1428, 1449, 1535, 1538, 1552 à 1561.

CHAPITRE II

DES MEUBLES

ART. 527. — « Les biens sont meubles par leur nature, ou par la détermination de la loi. »

Notions générales. — I. — Cette division est bipartite. Les meubles *par leur nature* sont les vrais meubles corporels, demeurés tels et non confondus avec un immeuble par incorporation, ou rattachés à lui par destination. Les meubles *par la détermination de la loi* ne sont autre chose que des droits, relatifs à des objets mobiliers (art. 529 et 530). Nous verrons que le législateur, pour prévenir toute difficulté, même après la définition générale de l'art. 528, a cru devoir mentionner à part quelques objets dont la nature pouvait être douteuse (art. 531 et 532). En outre, la fin du chapitre (art. 533 à 536) présente une sorte de dictionnaire, où l'on a voulu, mais sans y réussir beaucoup, préciser le sens de plusieurs mots (ayant la même étymologie) qui, dans la langue usuelle, servent à désigner les meubles en général, ou une certaine catégorie de meubles (1).

II. — Deux des trois classes d'immeubles, énumérées par l'art. 517, ont des correspondants ou analogues dans l'art. 527. En effet, ce dernier article indique bien des meubles *par leur nature*, et aussi des meubles *par la*

(1) *Meuble* (au singulier), *meubles meublants, biens meubles, mobilier, effets mobiliers.*

détermination de la loi; mais on n'y trouve point de meubles *par destination*. Ainsi un immeuble ne peut jamais être regardé comme un simple accessoire *mobilier*, servant à l'usage ou à l'exploitation de meubles : les immeubles sont toujours regardés, *a priori*, comme plus importants que les meubles, et cela indépendamment de la valeur respective des objets.

On aurait pu, à la rigueur, appeler *meubles par destination* les fruits à récolter, et aussi les matériaux d'une maison à démolir, en les regardant comme appartenant d'avance à l'acheteur; mais l'acheteur des fruits ou des matériaux éventuels a plutôt un *droit mobilier* (1), qui rentre dans la classe des meubles *par la détermination de la loi* (2). Et, de même, on peut dire que l'hypothèque, qualifiée par la loi de *droit réel sur les immeubles*, n'est vraiment pour le créancier qu'un droit mobilier à une somme d'argent, comme est le droit aux fruits à récolter, etc.; cela marchera très-bien avec la règle actuelle, que l'hypothèque n'est pas susceptible d'être elle-même hypothéquée (3).

III. — Nous voyons que, s'occupant des *meubles incorporels* ou *droits mobiliers*, la loi évite de les appeler *meubles par l'objet auquel ils s'appliquent*, tandis que dans l'art. 526, les mots *immeubles par l'objet*, etc., servent à désigner les *droits immobiliers*. Quel est le motif de cette différence? C'est que le rédacteur de l'art. 526 a pensé uniquement aux droits réels immobiliers ou démembre-

(1) A des meubles *futurs* ou *éventuels*. V. ci-dessus, p. 14, n° IV.

(2) V. ci-dessous, l'explication de l'art. 529.

(3) Au contraire, lorsque *le propriétaire* demande la radiation d'une inscription d'hypothèque prise sur son bien, l'action est *réelle immobilière* (Comp. art. 2159, et C. de proc., art. 59, 3e alin.).

ments de la propriété immobilière (tels que l'usufruit et les servitudes), et aux actions en revendication d'un immeuble (1); or, en matière de droits réels et de revendication proprement dite, il est toujours question d'immeubles *certains* et *déterminés*, auxquels les droits ou les actions viennent, pour ainsi dire, *s'appliquer*. En matière de meubles, au contraire, on s'est beaucoup préoccupé de droits de créances (*obligations*) ayant pour objet des sommes d'argent ou des denrées ou marchandises, considérées *in genere*, et sans relation à tel objet en particulier; de là cette formule plus large de meubles *par la détermination* de la loi.

Mais rien n'aurait empêché de dire dans l'art. 529 qu'un droit réel sur des objets mobiliers, par exemple le droit d'usufruit, qui n'est pas un droit de créance ou d'obligation, est meuble *par l'objet auquel il s'applique*. Et, de même, une *action* (réclamation ou prétention) ayant trait à des meubles (2) peut être *réelle* ou *en revendication*, malgré la maxime : *En fait de meubles*, la *possession vaut titre*, qui n'est point absolue, tant s'en faut, comme le montrent la fin de l'art. 2279 et la loi du 15 juin 1872 sur les titres au porteur.

Dans tout ce classement des biens, on n'a envisagé que les faits les plus habituels de la pratique, sans viser à une grande perfection de langage.

(1) L'action en revendication ordinaire (*rei vindicatio*) est formée par le propriétaire, l'usufruitier, etc., contre un possesseur; quelquefois elle a pour base un droit de résolution, de rescision, etc. (V. ci-dessus, p. 38 et 39). La créance d'un immeuble *in genere* (tant d'hectares de terre), laquelle sans nul doute serait immobilière, ne se rencontre guère dans la pratique et l'on a pu l'oublier. Mais pourquoi paraître aussi négliger l'*action personnelle* qui tend à obtenir un immeuble déterminé, par exemple celle de l'acheteur contre le vendeur?

(2) V. la première phrase de l'art. 529.

DES MEUBLES PAR LEUR NATURE.

Nous allons étudier d'abord la première classe de meubles, dits meubles *par leur nature* (art. 528, 531 et 532).

Art. 528. — « Sont meubles par leur nature, les corps qui peuvent se transporter d'un lieu à un autre, soit qu'ils se meuvent par eux-mêmes, comme les animaux, soit qu'ils ne puissent changer de place que par l'effet d'une force étrangère, comme les choses inanimées. »

Ceci embrasse, comme on voit, tous les objets corporels, non qualifiés *immeubles* d'après les règles développées ci-dessus.

Les art. 531 et 532 se rattachant au même ordre d'idées, nous les avons transportés ici.

Art. 531. — « Les bateaux, bacs, navires, moulins et bains sur bateaux, et généralement toutes usines non fixées par des piliers, et ne faisant point partie de la maison, sont meubles : la saisie de quelques-uns de ces objets peut cependant, à cause de leur importance, être soumise à des formes particulières, ainsi qu'il sera expliqué dans le Code de la procédure civile. »

I. — Les objets dont parle cet article semblent bien tous compris dans la définition générale de l'art. 528; mais le législateur a pu craindre que, à raison de leur importance et de leur volume, on ne fût porté à les regarder comme immeubles. En somme, toutes les fois qu'il n'y a ni adhérence au sol, ni destination ayant un caractère de perpétuité, l'objet qui peut se transporter d'un lieu à un autre, quelles que soient sa nature et sa valeur, appartient à la classe des meubles. Ainsi un grand paquebot transatlantique est meuble, tout aussi bien qu'un simple bac servant au passage d'une rivière. Nous rappelons néanmoins que le bac ou le bateau qui, par la destination du propriétaire d'un fonds, sert à exploiter ce fonds en y faisant aborder, doit être regardé comme immeuble par destination (art. 524) (1).

II. — Aux termes de la fin de notre article, « la saisie « de quelques-uns de ces objets (bateaux, bacs, etc.) « peut cependant, à cause de leur importance, être sou- « mise à des formes particulières » ; et l'article renvoie, sur ce point, « au Code de la procédure civile ». Là-dessus, on peut se reporter à l'art. 620 de ce dernier Code, en y joignant le Titre II du Livre II du Code de commerce : *De la saisie et de la vente des navires* (art. 197 à 215).

Ajoutons que les *navires* et autres bâtiments de mer, déclarés itérativement *meubles* par l'art. 190 du Code de commerce, sont susceptibles d'hypothèques (loi du 10 décembre 1874), et qu'ils sont grevés de priviléges particuliers (aj. art. 191 et 192), pour lesquels il existe un mode de purge qui est également tout spécial (*ibid.*, art. 193 et 194) (2). Relativement aux *moulins sur bateaux*, on peut voir ce que nous avons dit ci-dessus, p. 12, nº II.

Art. 532. — « Les matériaux provenant de la démolition d'un édifice, ceux assemblés pour en construire un nouveau, sont meubles jusqu'à ce qu'ils soient employés par l'ouvrier dans une construction. »

I. — On aurait pu croire que les pierres, briques, pièces de bois ou de fer, et autres matériaux assemblés

(1) V. ci-dessus, p. 31, nº VII.

(2) On remarquera aussi que la vente volontaire d'un navire doit avoir lieu par écrit (art. 195, C. de comm.; art. 1582 et 1583, C. civ.).

pour une construction, devaient déjà être regardés comme *immeubles par destination*. Notre article n'admet pas cette manière de voir. Ainsi les matériaux ne sont immobilisés que lorsqu'ils ont été réellement employés, c'est-à-dire mis dans l'état où ils doivent rester comme partie de l'édifice. Évidemment, il en serait de même quant aux objets que le propriétaire veut rendre *immeubles par destination* dans le sens des art. 524 et 525, tandis qu'il ne les a pas réellement placés dans le fonds ou attachés au fonds, le tout suivant les distinctions faites plus haut.

II. — Quant au premier cas mentionné dans l'article, pas de difficulté si les matériaux de démolition doivent être transportés ailleurs. Mais en principe, lors même qu'on se propose de les employer, en tout ou en partie, *dans un édifice nouveau* à élever sur la place de l'ancien, leur qualité de meubles n'en subsistera pas moins, comme le dit l'article, *jusqu'à ce qu'ils soient employés*. La future *construction* est quelque chose d'éventuel et d'incertain, qui peut ne pas se réaliser.

Cependant on ne doit pas cesser de regarder comme faisant partie de l'immeuble (1), des objets isolés, comme une poutre, un tuyau de cheminée, des tuiles, etc., déplacés accidentellement pour une réparation ou un travail quelconque, et destinés à être remis en place (2). Cette distinction existe déjà en droit romain (3).

(1) Ou comme *immeubles par destination*, selon les cas.

(2) C'est ainsi que les échalas des vignes, retirés pendant l'hiver, pour être replacés au printemps, ne cessent point de faire partie du fonds. (V. ci-dessus, p. 31, n° VII.)

(3) *Ea quæ ex ædificio detracta sunt, ut reponantur, ædificii sunt; at quæ parata sunt ut imponantur, non sunt ædificii.* (Loi 17, § 10, ff., *De act. empt., et vend.* Dig. lib. XIX, tit. 1).

DES MEUBLES PAR LA DÉTERMINATION DE LA LOI.

ART. 529. — « Sont meubles par la détermination de la loi, les obligations et actions qui ont pour objet des sommes exigibles ou des effets mobiliers, les actions ou intérêts dans les compagnies de finance, de commerce ou d'industrie, encore que des immeubles dépendants de ces entreprises appartiennent aux compagnies. Ces actions ou intérêts sont réputés meubles à l'égard de chaque associé seulement, tant que dure la société.

« Sont aussi meubles par la détermination de la loi, les rentes perpétuelles ou viagères, soit sur l'État, soit sur des particuliers. »

Trois espèces de droits sont indiqués dans cet article comme *meubles par la détermination de la loi.*

Des obligations et actions, etc. — La première phrase indique comme *meubles par la détermination de la loi* « les « obligations et actions qui ont pour objet des sommes « exigibles ou des effets mobiliers ». Parlons d'abord des obligations.

I. — Le mot *obligation*, pris pour désigner un *bien* meuble, est synonyme du mot *créance;* c'est le droit qui appartient au créancier contre son débiteur. Tel est déjà le sens donné au mot *obligatio* dans le titre 28 du livre III des Institutes de Justinien, dont la rubrique est : *Per quas personas nobis obligatio* ADQUIRITUR (1). Au point de vue passif, qui est celui de dette (2), lorsqu'il s'agit, non

(1) Comp. Gaius, Comm. III, §§ 163 et suiv.; on trouve aussi dans les Inst. les *obligationes quoquo modo contractæ* (quelle que soit leur origine) classées parmi les *res incorporales* (Lib. II, tit. 2).

(2) Le mot *obligatio*, dans le sens le plus large, exprime l'idée d'un *lien de droit :* « obligatio est juris vinculum, quo necessitate adstrin- « gimur alicujus solvendæ rei secundum nostræ civitatis jura». (Inst., Liv. III, tit. 13, *de obligat.*) Mais on voit que la suite de la définition insiste sur l'idée de la charge imposée au débiteur.

d'avoir le bien, mais de supporter la charge, il peut être parfois, quoique rarement aujourd'hui, utile de dire que les *obligations* (les *dettes*) de sommes exigibles ou d'effets mobiliers sont rangées parmi les *meubles* (1).

II. — Qu'entend-on par *action* dans cette première phrase de notre article (2)?

A. — Quand le payement de la créance mobilière a été demandé en justice, il y a ce que l'on appelle une *action* intentée ; et naturellement le bénéfice du procès entamé appartiendra au cessionnaire de la créance, au légataire des meubles, à la communauté, etc. Ce résultat n'avait pas besoin d'être mentionné dans l'article : on ne voit pas ce que le mot *action* ajoute ici au mot *obligation;* car assurément le droit de suivre le procès ne peut se comprendre détaché de la créance elle-même.

B. — Si maintenant nous supposons la *revendication* d'un meuble exercée en justice, par un propriétaire, un usufruitier, etc., il y a bien là une *action*, comprise dans la généralité des termes de l'article, et qui sera *meuble par la détermination de la loi*. Mais alors se présente une observation analogue à celle que nous venons de faire. A quoi bon s'occuper, à part, d'une action en justice

(1) Ainsi la communauté légale a dans son *passif* « toutes les dettes « mobilières dont les époux étaient grevés au jour de la célébration « de leur mariage » (art. 1409, 1°), de même que son *actif* comprend tout le mobilier (objets matériels et créances (que les époux avaient en se mariant (art. 1401, 1°). Très-anciennement les dettes mobilières des successions étaient aussi à la charge exclusive de ceux qui recueillaient l'actif mobilier; mais déjà avant le Code ce système était généralement abandonné. (Comp. art. 1010 et 1012, 1411 à 1414.)

(2) Plus loin l'article emploie le mot *action* dans un autre sens. (V. p. 38, note 2 et p. 51 et suiv.).

évidemment inséparable du droit qu'il s'agit d'exercer (1)?

Il est vrai que notre article a passé sous silence l'usufruit des choses mobilières, tandis que « l'usufruit des choses immobilières » figure dans l'art. 526. Mais c'est là une lacune évidente, que nous n'essayerons pas de justifier (2).

C. — Il est probable que les rédacteurs, parlant des actions mobilières, ont encore eu en vue les *prétentions* ayant un caractère plus ou moins litigieux (quant au principal ou aux accessoires), quoique non *actuellement* portées devant la justice. Et tel est bien le langage habituel des lois. Ainsi dans le Code civil nous voyons mentionnées entre autres : l'action du mineur contre son tuteur relativement aux faits de la tutelle (art. 475); l'action en partage (art. 817); en réduction d'une libéralité excessive (art. 930); en révocation d'une donation pour cause d'ingratitude (art. 957, *in fine*); l'action en nullité ou en rescision des conventions (art. 887 et suiv., 1118 et 1314); en exercice de la faculté de rachat ou de réméré, stipulée dans une vente (art. 1662 et suiv.). Quant au droit de faire résoudre un contrat synallagmatique, une vente, par

(1) Le mot même de *revendication* n'est pas employé dans l'art. 529, probablement (comme nous l'avons déjà dit) parce que le rédacteur de l'article était sous l'influence de la maxime : *En fait de meubles, la possession vaut titre* (art. 2279). Nous savons que, à l'inverse, l'art. 526 se borne à mentionner « les actions qui tendent à *revendiquer* « un immeuble », laissant ainsi dans l'ombre celles qui tendent à *faire exécuter l'obligation*.

(2) Nous ne disons rien de la *propriété des meubles*, parce que la *propriété* ne figure pas dans ces classifications comme étaut un *bien :* elle se confond, pour ainsi dire, avec les choses mêmes qu'elle a pour objets ; tel est aussi le langage des Romains, qui ne la rangent point parmi les *res incorporales,* mais elle n'en est pas moins définie comme *droit* dans l'art. 544, le premier du Titre : *De la propriété.*

exemple, pour inexécution des obligations convenues (1184, 1654, etc.), ce droit est souvent dans la pratique appelé *action résolutoire* (V. loi du 23 mars 1855, *sur la transcription*, art. 7) (1).

N'aurait-il pas suffi d'indiquer, dans cette partie de notre article, les *obligations* et les *droits réels qui ont pour objet des sommes exigibles*, etc.? Evidemment oui, car cela eût compris tous les droits de nature mobilière déjà exercés ou pouvant l'être. En ce qui regarde les *immeubles*, une observation analogue s'appliquerait à l'art. 526.

II. — Le mot *exigibles*, accolé au mot *sommes*, ne signifie pas ici que le créancier ait nécessairement le droit actuel et immédiat d'obtenir son payement. Quoique le débiteur, un emprunteur, par exemple, ait terme et délai pour s'acquitter, la dette n'en est pas moins *exigible* dans le sens de l'article, parce que, de sa nature, elle *pourra être exigée* à l'échéance. On caractérise ainsi la dette ordinaire d'un capital, par opposition aux *rentes*, dont il est question à la fin de notre article et dans le suivant (530) : les créances appelées *rentes* ont pour objet non un capital, mais des prestations périodiques (en argent ou denrées, etc.), qu'on appelle *arrérages*. Dans le Titre *De l'usufruit*, à propos des *fruits civils*, l'art. 584 distingue aussi entre les *intérêts des sommes exigibles* et les *arrérages des rentes* (2).

(1) Comp. ci-dessus, p. 38 D.

(2) Souvent, au contraire, dans le langage de la loi et de la pratique, le mot *exigible* indique *l'exigibilité actuelle* d'un capital, c'est-à-dire *l'absence de terme* (V. art. 1258, 3°, et C. de proc. civ. art. 551). En matière de compensation légale il en est de même, sauf que là on ne prend en considération que le *terme de droit* (résultant de la volonté des auteurs de l'acte), et non le *terme de grâce* ou accordé par les juges (V. art. 1244, 1291 et 1292).

Des actions ou intérêts dans les compagnies. — Le premier alinéa de notre article ajoute à la classe des *meubles* « les *actions ou intérêts* dans les compagnies de finance, « de commerce ou d'industrie, encore que des immeubles « dépendant de ces entreprises appartiennent aux com- « pagnies. Ces actions ou intérêts sont réputés meubles à « l'égard de chaque associé seulement, tant que dure la « société »

I. — Le mot *compagnie*, qui autrefois désignait souvent de très-grandes *sociétés de commerce*, est encore usité dans le même sens (1). Les compagnies ou sociétés *de finance*, que notre texte met ici en première ligne, sont bien aussi, en réalité, des compagnies ou sociétés *de commerce* (2) (V. C. de comm., art. 632, 5e et 6e alin.) (3) et l'on peut en dire autant de presque toutes les compagnies ou sociétés d'industrie (V. C. de comm., art. 632, 3e et 4e alin., et art. 632, 5e, 6e et 7e) (4).

(1) On se rappelle l'ancienne et célèbre *Compagnie des Indes*. Aujourd'hui nous voyons cotées à la Bourse les actions et les obligations de grandes entreprises appelées *compagnies*, telles que celles des lignes de chemins de fer, la Compagnie universelle du canal maritime de Suez, la Compagnie générale transatlantique, celle des Omnibus de Paris, etc. Ce sont toutes des *sociétés anonymes* (ne prenant le nom d'aucun des associés); et souvent elles se qualifient ainsi elles-mêmes sur leurs titres, ce qui est plus conforme au langage du Code de commerce (art. 29 et 30).

(2) Par un esprit extraordinaire de défiance, la loi du 26 germinal an II avait supprimé et prohibé les *compagnies financières*. Mais cette loi a été abrogée par celle du 30 brumaire an IV.

(3) Le mot *commerce*, dans un sens restreint, désigne particulièrement le trafic sur les denrées et les marchandises (C. de comm., art. 632, 1er alin.; Comp. *ibid.*, art. 636). Mais un banquier et un changeur sont compris dans la généralité du mot *commerçants* (*ibid.*, art. 1 et 632).

(4) Toutes ces sociétés ont une dénomination ou qualification, qui constitue leur personnalité à l'égard du public (C. de comm., art. 20 et suiv.).

II. — Quant aux sociétés non commerciales, *sociétés civiles*, elles n'ont pas en général grande importance pratique, et beaucoup d'entre elles n'ont jamais été regardées comme des êtres *moraux*, admis comme tels à contracter et à plaider. Les associés qui n'ont fait que mettre ainsi en commun la propriété de leurs biens, ce qui est assez rare, ont une situation à peu près semblable à celle d'héritiers restés dans l'indivision ; ils sont copropriétaires et ils figurent nominativement dans les actes, par eux-mêmes ou par mandataires. Cependant on trouve, par exception, des sociétés civiles constituées à l'état de personnes *morales* ou *juridiques*, ce qui a eu lieu surtout en vertu de concessions administratives de mines, de péages, etc. (1). Nous voyons même que la loi du 21 avril 1810 (*concernant les mines*, etc.), art. 8, décide, en termes généraux, que « les actions ou intérêts dans une société ou entreprise « pour l'exploitation des mines seront réputées meubles, « conformément à l'art. 529 du Code civil ». Et cependant l'art. 32 de la même loi dit expressément : « L'ex« ploitation des mines n'est pas considérée comme un « commerce, et n'est pas sujette à patente » (2).

III. — Lorsque la société, comprenant ou non des immeubles, a une personnalité juridique, les associés, tant

(1) Ainsi il y avait autrefois à Paris une compagnie purement civile exploitant le péage de trois ponts. Et, dans ces dernières années, on a vu se former des compagnies de défrichement, qui sont également des sociétés civiles, jouissant de certaines prérogatives, et traitées comme personnes morales.

(2) C'est, à notre avis, une exagération que d'appliquer l'art. 529 à toute « société ou entreprise pour l'exploitation des mines » ; car les associés ont pu vouloir n'être que *copropriétaires*, ce qui, à notre connaissance, est arrivé plus d'une fois en France et en Belgique.

que dure la société (1), n'ont droit qu'à une part dans les bénéfices : c'est ce qui les a fait regarder comme n'ayant qu'un bien mobilier. Il résulte de là, en pratique, une plus grande facilité donnée à la circulation des *actions ou intérêts* dans les compagnies, etc. (2) ; car les droits du trésor public sur les mutations de cette nature sont moins élevés que sur celles d'immeubles.

Mais, d'un autre côté, il peut être à craindre que des fortunes considérables, placées dans des compagnies propriétaires d'immeubles, aillent enrichir l'époux de l'associé marié en communauté légale, au détriment de la famille de ce dernier (art. 1401, 1°) : car ici, en réalité, il y a une sorte de fiction ; et selon l'esprit du régime de communauté légale, de telles valeurs sembleraient devoir être exclues de l'actif mis en commun. A cela, il est vrai, il y a un remède dans la loi : car si l'un des futurs époux, ou tous deux, ont une fortune de quelque importance, il leur est loisible (ce qui a très-souvent lieu) de faire un contrat de mariage pour régler autrement leurs intérêts pécuniaires, par exemple, en réduisant leur communauté aux acquêts, dans les termes des art. 1498 et 1499 (3).

Une objection analogue peut être faite contre la mobilisation des valeurs sociales, au point de vue de la protection de certains incapables, dont les propriétés immobilières sont garanties contre le danger des aliénations, par la nécessité d'autorisations et de formalités particulières (4).

(1) Si la société est dissoute, l'être moral s'évanouit, sans préjudice néanmoins du droit exclusif des créanciers sur les biens de la masse ; à tout autre égard, il n'y a plus que des communistes ou copropriétaires. Nous reviendrons là-dessus tout à l'heure. (V. pag. 54 *in fine* et 55).

(2) V. plus bas ce qui est dit du sens des mots *actions* et *intérêts*, en matière de sociétés.

(3) Comp. art. 1387, 1393, 1497, etc.

(4) Comp. p. 40, fin du chap. I, et note

IV. — Notre article parle des *actions ou intérêts* dans les compagnies, etc. Avoir un *intérêt* dans une compagnie ou société, c'est en faire partie à un titre quelconque, de manière à profiter des bénéfices et à être tenu des pertes ; et il est clair que le mot *intérêt*, qui est très-général, aurait suffi dans le texte. L'*action* n'est qu'un *intérêt* social d'une nature particulière, et, dès lors, très-différente de l'*action* ou droit de poursuite en justice, dont il a été question plus haut et qui figure dans le commencement de l'article. Le mot *action*, appliqué aux sociétés, a un sens bien connu dans le monde des affaires. Il signifie l'une des parts *égales* entre lesquelles le fonds social a été divisé, pour la facilité de sa formation et de la circulation des parts (V. C. de comm., art. 34 et 38) (1). Dans la société dite *anonyme*, il n'y a que des *actionnaires ;* aucun des intéressés n'est tenu indéfiniment sur ses biens personnels ; toutes les parts sont transmissibles par des modes plus ou moins rapides. La société anonyme n'a point de *nom social* proprement dit, servant de signature aux administrateurs qui la représentent ; on la désigne ou par son objet, ou de toute autre manière, mais sans l'emploi du nom d'aucun des associés. Au contraire, si la société a un ou plusieurs membres tenus indéfiniment des engagements sociaux, qu'il existe ou non des commanditaires, et que les commandites soient ou non divisées en actions, il y a un nom social, qui est celui d'un ou de plusieurs des associés solidaires (V. C. de comm., art. 20 à 29).

V. — En résumé, quelle que soit la nature du droit de

(1) Plusieurs lois importantes ont été faites, depuis une vingtaine d'années, sur les *sociétés par actions*. La dernière est du 24 juillet 1867.

l'associé, ce droit est meuble, *tant que dure la société.* Quand la société est dissoute, la personne morale s'évanouit (pour ce qui n'a pas trait à la liquidation), et, comme nous l'avons déjà dit, les associés ne sont plus que des copropriétaires d'une masse d'objets mobiliers ou immobiliers. Dans cette masse le droit de chacun est réglé par le partage, qui a un effet déterminatif ou déclaratif de propriété; chacun est censé n'avoir jamais été propriétaire que des objets compris dans son lot (art. 883 et 1872).

D'après cela, quand une personne intéressée, comme actionnaire ou autrement, dans une société encore existante, se marie sous le régime de communauté, l'émolument de son droit, qui est *meuble par la détermination de la loi*, tombe dans la communauté; et celle-ci en conserve pour elle tous les avantages ultérieurs, quels qu'ils soient (1); si donc plus tard la société se dissout et que le partage ait lieu, la communauté acquerra les biens meubles ou immeubles attribués au lot de l'ancien associé, comme les aurait tout autre acquéreur à titre onéreux ou gratuit. Au contraire, si, au moment du mariage, la société était déjà dissoute, et la masse sociale encore indivise, les droits respectifs de l'époux et de la communauté seront indéterminés jusqu'au partage; et, par suite du partage, la communauté obtiendra les meubles mis au lot de l'associé, tandis que celui-ci gardera comme propres les immeubles (2).

(1) Quand il ne s'agit pas *d'actions*, la *qualité même d'associé* n'est pas cédée (à moins que l'acte de société ne permette la substitution d'une personne à l'autre); l'époux n'a mis en communauté que l'émolument (V. art. 1861).

(2) Nous n'avons pas ici à rechercher si, dans ce dernier cas, la composition des lots pourra ou non donner lieu à des règlements d'indemnités ou récompenses, entre la communauté et l'époux.

Notions générales sur les rentes. — La dernière partie de l'art. 529 déclare aussi meubles par la détermination de la loi « les rentes perpétuelles ou viagères, soit sur « l'État, soit sur des particuliers ».

Nous avons déjà vu que les rentes sont des créances *sui generis*, ayant pour objet non un capital, mais des prestations périodiques, en argent ou autrement, que l'on nomme *arrérages*. Le capital d'une rente perpétuelle peut néanmoins devenir exigible, si le débiteur ne remplit pas ses obligations (Comp. art. 953, 1184 et 1912). Mais cette exigibilité n'a pas lieu pour le seul défaut de payement des arrérages, quand la rente est *viagère*, c'est-à-dire constituée sur la tête d'une ou plusieurs personnes (Comp. art. 1912, 1971, 1978), à moins qu'il n'y ait là-dessus, au profit du créancier, une disposition formelle dans le contrat.

En principe, les rentes perpétuelles sont rachetables au gré du débiteur, en remboursant le capital, sauf que les parties ont pu convenir que ce rachat n'aurait pas lieu avant un certain terme, n'excédant pas trente ans ou dix ans, selon les cas (V. art. 530 et 1911). Ce mode de libération par le remboursement du capital n'appartient pas au débiteur de la rente viagère (art. 1979).

Les rentes viagères constituées à titre onéreux, ou à titre gratuit, par donation entre-vifs ou par testament (1), sont encore aujourd'hui assez nombreuses. Quant aux rentes perpétuelles sur l'État, on sait à quel chiffre énorme elles sont arrivées. Mais les rentes perpétuelles acquises à prix d'argent sur les particuliers, rentes si communes autrefois, et réglementées avec tant de soin par les coutumes et

(1) V. C. civ., art. 1968 et 1969.

par les ordonnances, deviennent chaque jour de plus en plus rares (1). Leur importance d'autrefois tenait à des causes qui n'existent plus. En effet, pour les personnes qui ne voulaient ni devenir propriétaires de biens fonds, ni se livrer au hasard des entreprises commerciales, l'acquisition de rentes était à peu près le moyen unique de tirer un revenu de leur argent, attendu que le prêt à intérêt, prohibé par le droit canonique, l'était aussi par la législation civile.

Ancien droit français. — I. — Dans notre ancien droit, les rentes dites *foncières* ou *réelles* étaient *immeubles*. C'étaient les rentes établies directement et principalement sur un fonds, comme prix de l'aliénation de ce fonds (*bail à rente*), ou comme soulte d'un partage. L'immeuble devait la rente sur ses revenus (2), et le rentier avait sur l'immeuble un droit réel *sui generis*, par lui réservé ou retenu (3). Le caractère immobilier des rentes foncières tenait donc à leur origine et était reconnu partout; elles étaient *propres* de communauté et de succession, dans les cas et suivant les règles applicables aux immeubles proprement dits (4).

(1) Le Code de proc. civ. a encore un Titre (part. 1, liv. 5, tit. 10, art. 636 à 655) qui traite *de la saisie des rentes constituées sur particuliers;* il a peu d'application pratique.

(2) Merlin, *Rép. de jur.*, v° *Rente viagère*, n° XVIII, montre que l'aliénation perpétuelle d'un fonds moyennant une *rente viagère* était un contrat à titre onéreux *sui generis*, distinct du *bail à rente foncière*, et cela parce que la rente viagère ne pouvait être considérée comme une *prélibation sur le revenu*. C'est aussi ce qui a été jugé par l'arrêt de la Cour de cassation du 2 février 1807, rendu sur les conclusions de Merlin (même n° XVIII).

(3) Aussi nos anciens auteurs appellent-ils ces rentes *census reservativi*, par opposition aux rentes ordinaires, *census constitutivi*.

(4) Et néanmoins, dans certains pays, les rentes foncières n'avaient point de *suite par hypothèque*. (Comp. le tit. VI de la loi des 18-29 décembre 1790, *relative au rachat des rentes foncières*.)

II. — Quant aux rentes constituées à prix d'argent, il semble qu'on aurait dû les regarder comme meubles. Quelques coutumes effectivement les rangeaient dans la classe des meubles; mais, suivant le droit commun et notamment dans le ressort des coutumes de Paris et d'Orléans, ces rentes, qui formaient le patrimoine d'un grand nombre de familles, étaient tenues pour immeubles ; elles ressemblaient, disait-on, aux immeubles ordinaires par la perpétuité de leur revenu. Restaient les rentes viagères, à l'égard desquelles l'hésitation avait été beaucoup plus grande ; mais, en général, quoiqu'il y eût beaucoup moins de raison de les regarder comme immeubles, parce qu'elles s'éteignent avec la personne sur la tête de qui elles sont créées, il avait prévalu de les ranger dans la même classe de biens (1).

III. — Comme nous l'avons dit, la rente *foncière* était un droit réel, une sorte de portion de la propriété retenue sur l'immeuble aliéné : par suite, le bailleur pouvait exiger de tout détenteur la prestation des arrérages convenus; et même tous les détenteurs en étaient tenus *solidairement*, quelque minime que fût la portion détenue par chacun d'eux. Le seul moyen d'échapper à cette obligation pour l'avenir, et en payant les arrérages échus, était l'abandon de l'immeuble ou *déguerpissement* (2). Enfin, la rente n'étant due que par l'immeuble, l'acquéreur lui-même ne pouvait être poursuivi par le bailleur s'il avait cessé de

(1) Pothier, *Introd. gén. aux cout.*, nos 54 et 55.

(2) Une indivisibilité semblable est attachée au droit d'hypothèque (V. art. 2114), et le détenteur de l'immeuble hypothéqué peut aussi *délaisser* (art. 2172). Mais, s'il ne délaisse, le créancier n'a pas le droit de le faire condamner comme débiteur de la créance; il peut seulement faire vendre sur lui l'immeuble hypothéqué (art. 2169).

posséder, à moins qu'il ne se fût engagé par une clause particulière à procurer le service de la rente (clause de *fournir et faire valoir*).

IV. — Généralement, les rentes foncières n'étaient pas rachetables, étant regardées comme une sorte de propriété, dont on ne pouvait être dépouillé sans son consentement. Mais le droit de rachat ou remboursement avait pu être autorisé par une convention des parties. En outre, diverses ordonnances royales avaient admis, pour Paris d'abord (Ord. de 1441), et ensuite pour toutes les villes de France (mai 1553), que les possesseurs de maisons grevées de rentes foncières auraient le droit de s'en libérer par le payement du capital. On encourageait ainsi les propriétaires de maisons à éteindre de lourdes charges par l'emploi de capitaux disponibles, et à dégager l'avenir; les revenus, n'étant plus entamés par le service des arrérages, devaient assurer aux propriétaires une ressource constante pour l'entretien de leurs immeubles. Ce n'était là qu'une exception motivée par une considération spéciale; au contraire, les rentes perpétuelles constituées à prix d'argent ont toujours été regardées comme *essentiellement rachetables*.

Droit intermédiaire. — La première Assemblée constituante, par la loi des 18-29 décembre 1790 (1), déclara (art. 1) que toutes les rentes foncières perpétuelles, soit en nature, soit en argent, etc., seraient rachetables, et, en outre, « défendit de plus à l'avenir créer aucune « redevance foncière non remboursable, » à moins qu'elle ne dépassât point la durée de quatre-vingt-dix-neuf ans (2).

(1) Citée plus haut, p. 57, note 4.

(2) Ce que la loi applique (*ibid.*) aux emphytéoses, dans lesquelles la propriété directe demeurait aux bailleurs. Quant aux *baux à vie*, on

Quelques personnes ont cru à tort que les rentes perpétuelles déclarées rachetables étaient, par là même, devenues mobilières. Déjà, dans l'ancien droit, les rentes constituées en perpétuel à prix d'argent, et même beaucoup de rentes foncières, étaient rachetables ; et cependant elles n'en avaient pas moins le caractère d'immeubles. La loi de 1790 s'est exprimée dans le même sens quant aux rentes foncières (V. le Tit. 5, art. 1 et 3) (1). Plus tard la loi du 11 brumaire an VII *sur le régime hypothécaire* déclara, en termes généraux (art. 7), que les rentes foncières ou autres ne pourraient plus être hypothéquées (2). Cette loi ne disait pas d'une manière expresse que les rentes étaient dorénavant mobilisées ; mais telle était bien l'intention de ses auteurs, ainsi que cela résulte des travaux préparatoires qui en ont précédé le vote (3). Et telle est aussi la jurisprudence constante de la Cour de cassation (4).

permet de les faire *non rachetables*, même sur plusieurs têtes, « à la « charge qu'elles n'excéderont pas *le nombre de trois* ».

(1) Art. 3 du Tit. 5 : « La faculté de racheter les rentes foncières ne changera pareillement rien à leur nature immobilière, ni quant à la loi qui les régissait ; en conséquence, elles continueront d'être soumises aux mêmes principes, lois et usages que ci-devant, quant à l'ordre des successions, et quant aux dispositions entre-vifs et testamentaires, et aux aliénations à titre onéreux. »

(2) Voici le texte de cet art. 7 : « Les rentes constituées, les rentes foncières, et les autres prestations que la loi a déclarées rachetables, ne pourront plus à l'avenir être frappées d'hypothèque. » Comp. l'art. 654 du Code de proc. civ. (anc. art. 655).

(3) Ainsi le rapporteur de la loi au Conseil des Cinq-Cents, Jacqueminot, disait : « les rentes foncières et constituées seront, à l'avenir, réputées meubles » ; et la loi très-voisine du 22 frimaire (même année) *sur l'enregistrement*, porte dans son article 27, n° 3 : « *les rentes et les autres biens meubles*, etc. »

(4) V. les arrêts cités dans les savantes conclusions de M. l'avocat général Nicias Gaillard, qui ont précédé l'arrêt de cassation de la ch. civ., du 27 décembre 1848 (aff^re Auvray), Sir., 49, 1, 151.

ART. 530. — « Toute rente établie à perpétuité pour le prix de la vente d'un immeuble, ou comme condition de la cession à titre onéreux ou gratuit d'un fonds immobilier, est essentiellement rachetable.

« Il est néanmoins permis au créancier de régler les clauses et conditions du rachat.

« Il lui est aussi permis de stipuler que la rente ne pourra lui être remboursée qu'après un certain terme, lequel ne peut jamais excéder trente ans : toute stipulation contraire est nulle. »

I. — Nous avons vu que dans l'art. 529 on s'est borné à parler des rentes en général, sans rien dire de spécial quant aux rentes établies à perpétuité au profit de l'aliénateur; et, selon la remarque de M. Portalis (1), « on « avait oublié de régler leur sort ». En effet, les rentes foncières étaient, comme nous l'avons vu, des droits *sur les immeubles*, tandis que l'art. 529 se borne à déclarer meubles « les rentes perpétuelles ou viagères, soit *sur* « *l'État*, soit sur *des particuliers* ». Peu de temps après la promulgation de notre Titre Ier, *De la distinction des biens* (14 pluviôse an XII), nous voyons le consul Cambacérès exposer au Conseil d'État (séance du 15 ventôse) « qu'il est une matière sur laquelle le Code civil ne con- « tient aucune disposition, et qu'il importe cependant « d'examiner : c'est celle des rentes foncières » (2).

La discussion élevée à ce sujet, dans cette même séance

(1) Présentation au Corps législatif de la loi du 30 ventôse an XII, séance du 28 ventôse (Fenet, t. XI, p. 73). Dans la suite de son discours, M. Portalis s'attache uniquement à traiter la question de savoir si les rentes foncières seront ou non rachetables. Il semble adopter ainsi, bien à tort selon nous, l'opinion de M. Tronchet, qui disait au Conseil d'État (séance du 7 pluviôse) : « les rentes foncières « perdraient leur caractère, qui est de représenter le fonds, s'il était « permis de les racheter. » (Comp. ci-dessus, p. 53, n° IV).

(2) Fenet, *Ibid.*, p. 56.

du Conseil d'État (15 ventôse), eut pour résultat « le rejet « de la proposition de rétablir les rentes foncières » (1). Le Conseil se détermina surtout par la considération des inconvénients suivants, attachés à ces sortes de droits :

1° Les nombreuses difficultés auxquelles ils donnaient lieu dans la pratique, notamment quant à la faculté de déguerpir (2) ; 2° les fâcheuses conséquences résultant de l'indivisibilité imposée aux détenteurs ; 3° le mauvais effet produit par ces sortes de charges, à cause de leur ressemblance avec les anciennes obligations féodales, surtout en supposant la faculté de rachat non admise (3) ; le locataire ou fermier, disait-on, ne s'étonne pas de payer le loyer, car il sait qu'il n'est pas propriétaire et que sa jouissance est limitée ; puis le propriétaire veille lui-même aux réparations, etc.

II. — Les rentes sont donc aujourd'hui toutes de même nature, qu'elles naissent à titre gratuit ou onéreux, par suite d'un versement d'argent ou de l'aliénation d'un fonds immobilier ; dans tous les cas, le rentier n'est qu'un *créancier*, et telle est la qualification que lui donne notre art. 530. L'acquéreur de l'immeuble est personnellement tenu du service de la rente, comme l'ancien preneur avec clause *de fournir et faire valoir*. Il ne peut se libérer en déguerpissant, mais seulement par ce qu'on appelle le rachat de la rente, c'est-à-dire le payement d'une somme d'argent, formant le capital des arrérages ou prestations annuelles.

(1) Fenet, *Ibid.*, p. 56 à 69.

(2) « Quiconque a suivi les tribunaux sait que les rentes foncières « sont une source intarissable de procès et de vexations. » Tronchet, séance du Conseil d'État (V. Fenet, *Ibid.*, p. 68).

(3) « Dans la suite », dit Portalis au Conseil d'État (*Ibid.*, p. 69),

Il n'y a plus à proprement parler de *rente foncière* ou droit réel *sui generis*, qui astreigne au service des arrérages *tout possesseur* de l'immeuble *jusqu'au déguerpissement*. Mais le vendeur ou le copartageant, *créancier* de la rente formant le prix ou la soulte, a un privilége sur l'immeuble vendu au débiteur, ou mis dans son lot par le partage (V. art. 2103, 1° et 3°). En outre, le vendeur peut faire résoudre la vente pour défaut de payement du prix; en principe, ce droit de résolution est opposable aux tiers acquéreurs (1).

Détails sur l'art. 530. — I. — Cet article contient diverses hypothèses, ayant cela de commun que dans tous les cas la rente est due à raison d'une acquisition d'immeuble; le rentier jouit alors de certains avantages particuliers. Mais, comme nous l'avons dit plus haut, il est toujours *créancier*, et n'a plus dans l'immeuble l'ancien droit réel appelé *rente foncière*.

Le premier membre de phrase de l'article (*toute rente établie à perpétuité pour le prix*, etc.) nous paraît comprendre à la fois, et le cas où la rente est directement stipulée comme prix (soit mille francs de rente), et celui où l'immeuble étant vendu pour une somme déterminée (vingt mille francs), il est dit dans le même acte que l'acheteur gardera le montant du prix, à la charge d'en

« l'origine de la rente s'oublie, et alors la redevance ne paraît plus « qu'une servitude sans cause et qui devient insupportable. »

(1) Comp. art. 1654, 954 et 1184; C. de proc., art. 717; loi du 23 mars 1855 *sur la transcription*, art. 6 et 7; aj. ci-dessus p. 38, D. — Ce que nous venons de dire s'applique au cas d'un échange d'immeubles avec soulte. Mais il est de principe que l'action résolutoire n'a pas lieu en matière de partage.

servir la rente (1). On remarquera qu'autrefois il n'y aurait eu de *rente foncière* que dans le premier cas, celui où l'aliénation (le *bail à rente*) était faite directement pour une prestation annuelle (par exemple de mille francs). Car s'il y avait eu d'abord vente de l'immeuble pour un prix fixé en argent, puis conversion de ce prix en rente, quoique immédiatement et dans le même acte, cette rente n'était point *foncière ;* elle était *constituée à prix d'argent,* c'est-à-dire grevant non l'immeuble, mais la personne de l'acheteur et de ses héritiers, et *toujours* essentiellement rachetable (2). Aujourd'hui ces distinctions subtiles sont abandonnées; comme il n'y a plus de rentes foncières, on s'est montré beaucoup moins formaliste, la distinction n'étant plus à faire qu'entre des rentes perpétuelles de même nature, dont les unes sont acquises moyennant l'abandon d'une valeur immobilière, et les autres sont une variété du prêt (Comp. art. 1909 et suiv.). Les avantages que la loi accorde aux premières, à raison de l'origine de la créance, se rapportent, comme on va le voir, à l'exercice de la faculté de *rachat.*

La suite de l'article (*ou comme condition de la cession*, etc.) comprendra le cas où la rente perpétuelle est stipulée comme soulte dans un échange ou dans un partage (Comp. art. 833 et 1408), et aussi comme condition ou charge d'une donation (3).

(1) V. M. Demolombe, nº 434 *bis.* — A défaut d'indication contraire, on entendra ici naturellement le taux légal ordinaire, ou cinq pour cent.

(2) V., sur plusieurs de ces points, Merlin, *Rép. de jur.*, vº *Rentes foncières*, § 13 et *Quest. de droit*, *Ibid.*

(3) Dans ces derniers cas, on faisait autrefois, comme à propos du prix de vente, la distinction, indiquée plus haut, entre la rente établie *directement*, et celle qui résultait de la *constitution en rente* du

II. — La loi des 18-29 décembre 1790, en déclarant toutes les rentes foncières rachetables, laissait aux parties la facilité de traiter de gré à gré des conditions du rachat, sans que les traités ainsi faits entre majeurs pussent être attaqués sous prétexte de lésion quelconque (1). Et dans le cas où les parties (2) n'auraient pu s'accorder, le taux du rachat des rentes, créées irrachetables et sans évaluation du capital, fut réglé comme il suit (3). Pour les rentes stipulées en argent, sur le pied du denier vingt (5 p. 100), et pour les autres (4) au denier vingt-cinq (4 p. 100) de leur produit annuel, déterminé par la valeur moyenne de dix années restantes sur les quatorze dernières antérieures au rachat, dont on a retranché d'abord les deux plus fortes et les deux plus faibles (5). C'est d'après ce mode que le rachat a encore lieu aujourd'hui.

III. — Notre art. 530, après avoir posé en principe que les rentes dont il parle sont essentiellement rachetables, ajoute : « Il est néanmoins permis au créancier de « régler les clauses et conditions du rachat. » Ainsi une clause du contrat peut indiquer, soit la somme à payer pour éteindre la rente, soit l'avertissement qui devra être donné au créancier, un certain temps d'avance, par le débiteur qui voudra se libérer (Comp. art. 1911). Dans

capital, stipulé d'abord comme soulte du partage, de l'échange, etc. La première de ces rentes était seule *foncière* (V. Merlin, *Rép.*, *ibid.*).

(1) Tit. 2, art. 3.

(2) Ou leurs représentants légaux s'il s'agissait d'incapables. (V. *ibid.*, art. 4 à 11.)

(3) Tit. 3 de la loi, intitulé : *Mode et taux du rachat*.

(4) « Payables en nature de grains, volailles, denrées, fruits de récolte, services d'hommes, chevaux ou autres bêtes de somme et de voiture. »

(5) Tit. 3, art. 1 et 2.

tous les cas, sans aucun doute, il faut que la convention ait été faite de bonne foi, en vue d'un intérêt légitime du créancier, et non afin de rendre impossible ou extrêmement difficile l'exercice et la faculté du rachat.

Le dernier alinéa de l'art. 530 permet encore au créancier de stipuler que la rente ne pourra lui être remboursée qu'après un certain terme, lequel ne peut jamais excéder trente ans. C'est là un bénéfice attaché à l'acquisition des rentes par l'abandon de valeurs immobilières; car lorsque la rente est acquise à prix d'argent ou moyennant la cession d'objets mobiliers, le retard à l'exercice du rachat ne peut être convenu pour plus de dix ans (même art. 1911). Si le terme stipulé excédait le *maximum* du terme légal, trente ans, il devrait être réduit à ce dernier (Comp. art. 1660).

De quelques autres valeurs mobilières. — I. — Outre les créances, les actions et les rentes, il faut ranger parmi les meubles incorporels les droits de propriété littéraire, artistique, industrielle, les fonds de commerce, la clientèle, enfin les offices ou charges d'avocats à la Cour de cassation, notaires, avoués, greffiers, huissiers, agents de change, courtiers et commissaires-priseurs, qui sont une nature de bien ou valeur *sui generis*, à raison du droit de présentation qui appartient au titulaire, ou, après sa mort, à ses héritiers ou ayants cause (1).

II. — Nous avons dit plus haut (2) que les actions de la Banque de France peuvent recevoir la qualité d'*immeubles* par la volonté des actionnaires, sur la déclaration

(1) V. loi *sur les finances*, du 28 avril 1816, art. 91.
(2) Note 2 de la page 38.

qui en est faite par ceux-ci, dans la forme prescrite pour les transferts (Décret du 16 janvier 1808, art. 7) (1). Pendant longtemps, sous le premier Empire et depuis, les rentes sur l'État ont pu aussi être immobilisées par le propriétaire pour la constitution d'un majorat (2). Aujourd'hui l'institution des majorats est interdite pour l'avenir (3); mais d'anciens majorats subsistent encore avec les rentes immobilières qui sont entrées dans leur formation (4).

Du sens légal attaché à certains mots. — Les art. 533 et suivants forment, comme nous l'avons indiqué plus haut (5), une sorte de dictionnaire, où l'on a cherché à préciser le sens de différents mots tels que *meubles, meubles meublants*, *mobilier*, etc., venant tous d'une même racine (*mobilis*). Cette tentative, il faut le dire, n'a pas été heureuse, et plusieurs de ces définitions ont été plus gênantes qu'utiles, en ce qu'elles ne sont pas d'accord avec le sens qu'on attache aux mots dans le langage ordinaire. C'est ce que nous allons voir par l'examen des articles.

(1) L'art. 7 du décret continue en disant : « Cette déclaration une fois inscrite sur le registre, les actions immobilisées resteront soumises au Code civil et aux lois de privilége et d'hypothèque, comme les propriétés foncières : elles ne pourront être aliénées et les priviléges et hypothèques être purgés qu'en se conformant au Code civil, et aux lois relatives aux priviléges et hypothèques sur les propriétés foncières.

(2) Décret du 1er mars 1808, art. 2 à 5.

(3) Loi du 12 mai 1835; aj. loi du 7 mars 1849.

(4) Des rentes sur l'État sont encore immobilisées quelquefois, pour être échangées contre d'autres biens composant un ancien majorat. (Décret du 1er mars 1808, art. 54 et suiv.)

(5) P. 41. — Les art. 531 et 532 ont été examinés p. 44 à 46.

ART. 533. — « Le mot *meuble* employé seul dans les dispositions de la loi ou de l'homme, sans autre addition ni désignation, ne comprend pas l'argent comptant, les pierreries, les dettes actives, les livres, les médailles, les instruments des sciences, des arts et métiers, le linge de corps, les chevaux, équipages, armes, grains, vins, foins ou autres denrées; il ne comprend pas aussi ce qui fait l'objet d'un commerce. »

On voit qu'ici le mot *meuble* (au singulier) est défini par voie d'exclusion, en disant ce qu'il ne comprend pas; le rédacteur veut sans doute parler également du mot *meubles* (au pluriel) sans l'addition du mot *biens* (Comp. art. 516). Et ce mot *meuble* ou *meubles* est supposé, par notre art. 533, avoir été *employé seul dans les dispositions de la loi ou de l'homme, sans autre addition ni désignation*. Mais c'est en vain que nous le chercherons, pris en ce sens restreint (1), dans les *dispositions de la loi;* il n'y est pas une seule fois (Comp. art. 452, 805, 825, 2101, 2279, etc.); ce n'est que dans les *dispositions de l'homme* que le mot *meuble* peut avoir le sens qui lui est ici donné, et qui consiste à indiquer, outre les *meubles meublants* proprement dits (art. 534), tout ce qui est employé au service du ménage, comme la vaisselle, l'argenterie, le linge de table (2) et les ustensiles de cuisine. L'énumération que donne l'article, dans sa forme négative, n'est certainement point complète. Ainsi avec les pierreries et les *médailles* dont il parle, il entend bien aussi exclure les collections de tableaux ou de porcelaines qui occupent des galeries ou pièces séparées (Comp. art. 534, 2e et 3e alin.). De même, aux *chevaux*, dont se préoccupe sur-

(1) Nous ne le voyons même employé nulle part tout seul. L'art. 534 parle du *meuble*, mais en ajoutant, *d'un appartement*.

(2) L'article exclut *le linge de corps*.

tout le rédacteur, il faut joindre sans difficulté les bestiaux ou autres animaux domestiques. Au reste, le sens du mot *meuble* ou *meubles*, dans une disposition, peut se trouver modifié par l'ensemble des clauses de l'acte (Comp. art. 1161), et notre article lui-même suppose que ce mot a été employé « sans autre addition ni désignation »; si dans un testament, par exemple, il se trouve mis par opposition au mot *immeubles* (comme cela arrive souvent dans les textes de loi), bien évidemment le testateur aura voulu donner à son expression le sens de *biens meubles* en général. Et telle a été souvent l'interprétation admise par les tribunaux.

ART. 534. — « Les mots *meubles meublants* ne comprennent que les meubles destinés à l'usage et à l'ornement des appartements, comme tapisseries, lits, siéges, glaces, pendules, tables, porcelaines et autres objets de cette nature.

« Les tableaux et les statues qui font partie du meuble d'un appartement y sont aussi compris, mais non les collections de tableaux qui peuvent être dans les galeries ou pièces particulières.

« Il en est de même des porcelaines : celles seulement qui font partie de la décoration d'un appartement sont comprises sous la dénomination de *meubles meublants.* »

Il n'y a point de critique à élever contre cet article; il fait une distinction bien fondée entre les *meubles meublants* et les objets faisant partie d'une collection. Pour que les objets soient *meublants*, il faut qu'ils servent à rendre l'appartement habitable ou à l'orner; l'appartement est alors regardé comme l'objet principal. Les collections, au contraire, dont parle l'article sont réunies dans des pièces non habitées, et qui sont exclusivement destinées à les recevoir.

ART. 535. — L'expression *biens meubles*, celle de *mobilier* ou d'*effets mobiliers*, comprennent généralement tout ce qui est censé meubles d'après les règles ci-dessus établies.

« La vente ou le don d'une maison meublée ne comprend que les meubles meublants. »

Le premier alinéa de cet article peut en pratique donner lieu à plus d'une erreur. Car lorsqu'on déclare léguer *son mobilier* ou ses *effets mobiliers*, on n'entendra presque jamais léguer ses créances, ses rentes, ses actions industrielles ou autres; et cependant telle est la signification que le texte attribue à ces mots. La loi elle-même, dans d'autres dispositions, ne leur donne point un sens aussi large (1); et la jurisprudence, dans plus d'une occasion, a échappé à la gêne fâcheuse qui résulte de l'art. 535, en appliquant par analogie un des précédents (533), d'après lequel le sens du mot *meuble* n'est pris dans un sens déterminé par la loi que s'il est *employé seul... sans autre addition ni désignation;* ces *additions*, etc., pourront servir à expliquer la véritable pensée de l'auteur de l'acte (2).

Le deuxième alinéa de notre article 535 est d'accord avec les habitudes du langage, et ne demande point d'explication.

ART. 536. — « La vente ou le don d'une maison, avec tout ce qui s'y trouve, ne comprend pas l'argent comptant, ni les dettes actives et autres droits dont les titres peuvent être déposés dans la maison ; tous les autres effets mobiliers y sont compris. »

Encore une décision législative sur des formules de mots, dont l'appréciation aurait dû être laissée au bon sens

(1) V., par exemple, les art. 1058 et 1062.

(2) V. p. 68.

du juge. D'ailleurs, était-il bon de réunir, dans une même décision, le cas de la *vente* et celui du *don* (entre-vifs ou testamentaire)? On peut en douter. Sans doute, la personne qui *vend* « une maison, avec tout ce qui s'y trouve » n'entend jamais *vendre l'argent comptant*, ce qui serait absurde, ni *les billets de banque*, qui équivalent à de l'argent. Elle n'entend pas non plus vendre des titres, soit de propriété, soit de rentes ou de créances nominatives, ces titres n'étant que le signe de *droits*, que l'on ne peut dire *se trouver dans la maison*. Il pourrait y avoir quelque doute s'il s'agissait d'obligations au porteur, ou d'actions aussi au porteur (dans une société industrielle ou autre). Mais en pareil cas, si l'on veut vendre avec la maison les titres dont il s'agit, on ne manquera pas de les spécifier en détail. Il ne faut pas même prendre à la lettre ces mots de la fin de l'article : *tous les autres effets mobiliers y sont compris;* car on n'y comprendrait pas sans doute les vêtements du vendeur, et les autres menus objets servant à son usage tout à fait personnel.

Dans le cas de legs, nous ne voyons pas pourquoi la libéralité, faite comme le prévoit l'article, ne recevrait pas une interprétation plus large, qui y ferait entrer l'argent comptant et les titres au porteur.

Enfin, s'il s'agit de donation entre vifs, il ne s'élèvera guère de difficulté, l'art. 948 exigeant un état estimatif des *effets mobiliers*, état qui doit être signé du donateur et du donataire, et annexé à la minute de la donation.

CHAPITRE III

DES BIENS DANS LEURS RAPPORTS AVEC CEUX QUI LES POSSÈDENT

Le chapitre III envisage une nouvelle division des biens, il les considère dans leurs rapports avec ceux *qui les possèdent*, c'est-à-dire avec ceux à qui ils appartiennent. Le mot *posséder* est pris ici dans le sens usuel et vulgaire; car dans le langage technique du droit, la simple possession est distinguée de la propriété (Comp. art. 549 et 550).

L'objet unique du chapitre actuel est de considérer les biens comme étant ou non susceptibles d'appropriation, et subsidiairement comme appartenant ou non à des particuliers. Ce qui est du *domaine public*, destiné à l'usage de tous (*in usu publico*), n'appartient en réalité à personne; et, d'un autre côté, les *biens de l'État*, *des communes*, *des établissements publics*, etc., sont régis par des règles spéciales, dont le développement regarde cette partie du droit qu'on appelle *droit administratif*.

ART. 537. — « Les particuliers ont la libre disposition des biens qui leur appartiennent, sauf les modifications établies par les lois.

« Les biens qui n'appartiennent pas à des particuliers sont administrés et ne peuvent être aliénés que dans les formes et suivant les règles qui leur sont particulières.

Les modifications, dont parle le premier alinéa de l'article, sont des restrictions apportées au droit de propriété des particuliers dans un but d'intérêt général. (Comp. art. 544 et 545.)

Le deuxième alinéa contient en termes très-généraux un renvoi à des lois spéciales.

Dans la première rédaction de l'art. 537, on indiquait, comme biens n'appartenant pas aux particuliers, les biens appartenant ou *à la nation en corps*, ou *à des établissements publics*, ou *à des communes* (1). Puis dans la rédaction présentée au Conseil d'Etat par la section de législation, il ne fut plus question des *établissements publics* (2). La pensée de la section était de regarder les biens des établissements publics généraux comme appartenant en réalité à la nation, et ceux des autres établissements publics comme appartenant aux communes, attendu qu'ils peuvent toujours être supprimés s'ils sont jugés inutiles (3). Mais, en définitive, on pensa qu'il valait mieux ne pas préjuger négativement la question de savoir si les établissements publics peuvent avoir des propriétés, notamment les hospices, auxquels déjà la législation avait rendu les biens dont ils avaient été dépouillés, et permis d'en acquérir de nouveaux (4). La rédaction proposée fut donc remplacée par la suivante, qui est celle de notre

(1) *Projet de la Commission du gouvernement*, liv. 2, tit. 1er, art. 1 et 23 (V. Fenet, t. II, p. 97).

(2) Les biens, suivant l'art. 510 (Fenet, t. XI, p. 7), « appartien- « nent ou à la nation en corps, ou à des communes, ou à des particu- « liers »; et l'art. 530 (537 actuel) n'oppose également aux biens des particuliers que « les biens nationaux et ceux des communes ».

(3) L'État ne peut périr, et quant aux communes, disait M. Treilhard au Conseil d'Etat (séance du 20 vend. an XII), leur existence aussi est permanente, car « si une commune est supprimée, ce n'est « que pour être réunie à une autre : elle ne cesse donc pas absolument « d'être, etc. Les établissements publics, au contraire..... peuvent « devenir inutiles, même dangereux; on les supprime, etc. » (Fenet, t. II, p. 9 et 10).

(4) Comp. le décret du 23 messidor an II avec les lois réparatrices de l'an V (16 vendém., 23 brum. et 29 pluv.).

article : *les biens qui n'appartiennent pas aux particuliers*, etc. Depuis on a formellement, et dans plusieurs textes, reconnu aux établissements *publics*, ou d'*utilité publique*, la qualité de propriétaires (V. art. 910, 937, 1712, 2045-3°, 2121-4°, 2227) (1). Outre les hospices, auxquels leurs biens ont été rendus par la loi du 16 vendémiaire an V, cette qualité appartient ou peut appartenir à des établissements religieux, séculiers ou réguliers (V. ord. du 2 janvier 1817, loi du 24 mai 1825, etc.), à des établissements d'instruction publique (2), à l'Institut de France et aux diverses académies qui le composent (3), aux caisses d'épargne (loi du 5 juin 1835, art. 10), et à beaucoup d'autres sociétés savantes ou de bienfaisance, dont la nomenclature serait trop longue.

II. — De même que l'Etat, les communes et les établissements publics, les départements, qui dans l'origine

(1) Les art. 910 et 937 emploient l'expression d'établissements *d'utilité publique*, qui est plus large que celle d'établissements *publics*, parce qu'elle en comprend un grand nombre pouvant être propriétaires quoique non *publics* dans le sens propre du mot, par exemple, les caisses d'épargne, qui ont la nomination de leur personnel, et dont le budget n'est pas approuvé par l'autorité supérieure. Ceux-ci n'ont point d'hypothèque légale sur les biens de leurs comptables. (V. art. 2121 *in fine*, et arrêt de la Cour de cass., civ. rej., 5 mars 1856, *Droit* du 8 juillet 1856 ; Sir. 56, partie 1re, p. 878 ; V. aussi l'article intéressant de M. Lamache, *Revue crit. de législ.*, 1861, t. XVIII, p. 385.)

(2) La loi du 7 août 1850 (*budget des recettes*), après avoir (art. 14) ôté à l'Université ses droits de propriétaire, et réuni ses biens au domaine de l'État, ajoute, art. 15 : « Ne sont point comprises dans les « prescriptions de l'article précédent les propriétés immobilières, ou « les rentes affectées à des établissements d'instruction publique. — « Ces établissements continueront de pouvoir acquérir et posséder, « sous les conditions déterminées par les lois. » Divers décrets ont, depuis, autorisé des proviseurs de lycées à accepter des legs au nom de ces établissements, par exemple, le décret du 16 juin 1869, relatif au lycée d'Amiens.

(3) V. Ord. du 21 mars 1816, art. 5 et 6.

n'étaient que de simples divisions administratives, ont pu ensuite avoir des propriétés (biens meubles ou immeubles), ainsi qu'on le trouve réglé par la loi du 10 août 1871, *relative aux Conseils généraux*, art. 46, n°s 1 à 5 (1).

DU DOMAINE PUBLIC

Notre chapitre ne s'occupe pas seulement des choses qui appartiennent, soit à des particuliers, soit aux personnes morales que nous venons d'indiquer; il traite encore des choses qui « n'appartiennent à personne, et « dont l'usage est commun à tous ». (V. art. 714); c'est ce qu'on appelle dans le langage technique dépendances *du domaine public* (2). Ces choses-là, tant que leur destination n'est pas changée, ne peuvent appartenir à personne et sont par conséquent *hors du commerce,* et imprescriptibles, tandis que, en principe, l'État, les établissements publics et les communes (auquels nous ajoutons les départements), sont, pour leurs biens, soumis « aux mêmes « prescriptions que les particuliers » (V. art. 2226 et 2227). On va voir dans l'art. 538 une sorte d'énumération approximative de ce qui est ainsi d'un usage commun à tous et hors du commerce.

(1) Déjà l'art. 4 de la loi du 10 mai 1838 avait dit « le conseil « général délibère..... sur les acquisitions, aliénations et échanges des « propriétés départementales ». — Un décret du 9 avril 1811 portait concession gratuite aux *départements, arrondissements* et *communes*, de certains édifices nationaux. Malgré ces termes du décret, les *arrondissements* ne sont pas considérés comme de véritables personnes morales, ayant des propriétés distinctes de celles du département. C'est ce qui a été formellement reconnu dans la discussion de la loi du 10 mai 1838 (Comp. l'art. 41 de cette loi).

(2) *Loca..... quorum commercium non sit, ut publica, quæ non in pecunia populi, sed in publico usu habeantur, ut Campus Martius* (L. 5, *Dig.*, *de contr. empt.*, etc., lib. XVIII, tit. 1).

ART. 538. — « Les chemins, routes et rues à la charge de l'État, les fleuves et rivières navigables ou flottables, les rivages lais et relais de la mer, les ports, les havres, les rades, et généralement toutes les portions du territoire français qui ne sont pas susceptibles d'une propriété privée, sont considérés comme des dépendances du domaine public. »

ART. 540. — « Les portes, murs, fossés, remparts des places de guerre et des forteresses, font aussi partie du domaine public. »

L'art. 538 reproduit à peu près le texte de l'art. 2 de la loi du 22 nov.-1er déc. 1790, *sur la législation domaniale*.

Du domaine public national.

I. — *Des chemins, routes et rues, etc.* — L'article ne parle que des chemins, etc., qui sont *à la charge de l'État;* le rédacteur s'est préoccupé surtout du *domaine public* qu'on peut appeler *national*, celui dont le caractère est le plus évident, parce qu'on y trouve l'affectation à un service public très-général; peut-être y a-t-il encore ici des traces de la confusion faite par plusieurs lois de la Révolution, antérieures au Code, entre le *domaine public* et celui *de l'État* (1).

Il y a aujourd'hui de grandes lignes de chemins de fer, appartenant au *domaine public national*, et dont cependant pour la plupart (2) l'État n'a pas *la charge* actuelle ; ils sont en général exploités par des compagnies qui en ont la concession à temps (3). De même les ponts, qui sont des

(1) Nous retrouverons cette confusion dans l'art. 539, tel qu'il est rédigé depuis la nouvelle édition du Code, opérée législativement en 1807.

(2) Il y a actuellement des chemins de fer qui sont exploités par l'État (L. du 18 mai 1878).

(3) Quelquefois l'État est tenu envers la compagnie à une certaine garantie d'intérêts. — De cette attribution des chemins de fer au *do-*

continuations des grandes routes ou des rues (1). Nous parlerons un peu plus loin des *routes départementales* et des *chemins vicinaux*, qui font aussi partie du *domaine public* entendu dans un sens large; car ils servent à un usage public, quoique habituellement restreint au département ou à la commune (2).

II. — *Des fleuves et rivières, etc.* — Notre article ajoute ici la mention des rivières *flottables*, sur lesquelles la loi de 1790 était muette. Il s'agit là de celles qui sont flottables dans le sens complet du mot, c'est-à-dire *sur trains* ou *radeaux*; car, ainsi que l'a remarqué le Conseil d'État en 1822 (3), elles sont alors *navigables* pour toute embarcation du même tirant d'eau que le train ou radeau flottant. L'avis ajoute que ces cours d'eau avaient déjà été plus d'une fois traités comme les rivières navigables (4), à la

maine public, il résulte, suivant la Cour de cassation, que « la jouis« sance des compagnies, qu'elles qu'en soient l'importance et la durée, « n'a jamais le caractère d'un usufruit, d'une emphytéose, etc. » ; que, par suite, « leurs droits sur les chemins de fer sont *purement mobi« liers* ». Ainsi jugé contre l'administration de l'Enregistrement (aff[re] Mancel), ch. civ., cass., 15 mai 1861. (Sir., 1861, I, 888, et *Droit* du 13 juillet 1861.)

(1) La loi du 14 floréal, relative aux contributions indirectes de l'an XI, s'exprime ainsi (art. 11), au sujet des ponts : « le gouver« nement autorisera..... l'établissement des ponts dont la construction « sera entreprise par des particuliers; il déterminera la durée de « leur jouissance, à l'expiration de laquelle *ils seront réunis au do« maine public*, etc. » Il eût été plus exact de dire que ces ponts entreraient immédiatement dans le *domaine public*, comme affectés à l'usage de tous, sauf le droit de péage accordé aux entrepreneurs.

(2) De là les termes de domaine public *départemental*, et domaine public *communal*.

(3) Avis du 22 février, sur la question *du droit de pêche dans les rivières flottables*.

(4) Par l'Ordonnance *des eaux et forêts*, de 1669, et par les premières instructions données pour l'exécution de la loi du 14 floréal an X, au sujet *du droit de pêche*.

différence des rivières ou ruisseaux qui ne sont flottables qu'*à bûches perdues*. Cette doctrine a été depuis consacrée par la loi du 15 avril 1829, *relative à la pêche fluviale*, art. 1er, qui assimile aux rivières navigables celles qui sont « flottables avec bateaux, trains ou radeaux, dont « l'entretien est à la charge de l'État ou de ses ayants « cause ». D'après le même article, par une sorte de compensation des frais d'entretien, « le droit de pêche sera « exercé par l'Etat ». C'est l'administration qui détermine à partir de quel point un fleuve ou une rivière est navigable ou flottable (*ibid.*, art. 3) (1).

Dans les autres rivières, les propriétaires riverains ont, en principe, chacun de leur côté, le droit de pêche jusqu'au milieu du cours de l'eau (*ibid.*, art. 2) (2), et ils doivent supporter la charge du curage et de l'entretien des digues et ouvrages d'art qui y correspondent, en se conformant aux règlements ou aux usages locaux (3). Plus tard, à propos *des servitudes*, nous aurons à examiner quel est au juste le droit des riverains sur les petits cours

(1) Sauf les indemnités auxquelles les propriétaires peuvent avoir droit, et qui, selon la jurisprudence du *Tribunal des conflits*, doivent être réglées par l'autorité judiciaire (V. les jugements du 11 janv. et du 1er mars 1873, Aj. 27 mai 1876 (*Droit* du 28 juin), annulant des conflits élevés par le préfet de l'Yonne). Souvent des travaux d'endiguement, de barrages ou autres, sont venus changer l'ancien état des choses, ce qui donne lieu à des rectifications. La limite du lit d'un fleuve ou d'une rivière doit toujours être la ligne à laquelle monte le flot lorsqu'il coule à pleins bords, les eaux atteignant leur plus grande hauteur normale, sans qu'il y ait débordement extraordinaire et inondation.

(2) L'article ajoute : « sans préjudice des droits contraires établis « par possession ou titres ».

(3) V., pour ce qui regarde les rôles de répartition des sommes nécessaires aux travaux, et la forme administrative du jugement des contestations, la loi du 24 floréal an XI, *relative au curage des canaux et rivières non navigables*, etc.

d'eau, qui n'entrent pas dans le *domaine public*. En sont-ils propriétaires, avec la restriction des charges qui pèsent sur eux dans un intérêt public, ou dans l'intérêt de leurs coriverains (de l'autre rive ou des fonds inférieurs) (V. art. 644 et 645) ? C'est assurément là une question difficile, à raison de l'obscurité des précédents historiques et du peu de précision des textes; et peut-être pour la résoudre, faut-il distinguer entre les petites rivières et les ruisseaux (1). Ce qui est certain, c'est que, sur tous les cours d'eau dont il s'agit, non affectés au domaine public, les riverains ont, avec le droit de pêche dont nous avons parlé, celui d'employer l'eau à l'irrigation de leurs propriétés qui bordent le courant (art. 644), et enfin la propriété des îles et atterrissements qui se forment dans la rivière (art. 561). Mais l'art. 563 paraît bien conçu d'après l'idée que les riverains, quoique jouissant de ces avantages très-considérables, ne sont point regardés comme propriétaires du lit des rivières (2), et que dès lors ils ne seraient point admis à en faire comprendre la valeur dans l'indemnité qui leur serait due, au cas d'expropriation pour utilité publique (3).

III. — *Des rivages de la mer.* — Les rivages de la mer sont, de leur nature, affectés à un usage public : chacun a le droit d'y pêcher, comme en pleine mer, d'y

(1) Opp. MM. Aubry et Rau, 4e édit., t. II, § 168, p. 364 et 337, et note 10, *ibid.*

(2) En effet, d'après cet article, le lit abandonné par la rivière est attribué, comme indemnité, aux propriétaires des terrains envahis par le nouveau cours, — V. aussi la loi du 3 frimaire an VII, art. 103, où il est dit que « les rivières ne sont point cotisables ».

(3) V. Civ. cass., 10 juin 1846 (affre Parmentier), Sir., 46, 433, et les autres arrêts indiqués par MM. Aubry et Rau, *ibid.*, note 9. — Mais ces expropriés devraient être indemnisés du droit de pêche dont ils seraient privés (arg. de la loi précitée du 15 avril 1829, art. 3, 3e alin.).

débarquer ou de s'y embarquer, etc. Jusques où s'étendent les rivages de la mer? *Quatenus hybernus fluctus maximus excurrit,* disent les Institutes (1): « Jusques où « le flot de mars se peut étendre », dit l'*Ordonnance sur la marine* d'août 1681, prenant cette époque comme celle de la plus grande marée de l'année (2).

IV. — Les expressions de *lais* et *relais de la mer* sont communément prises comme synonymes (3), et désignant les terrains découverts et abandonnés par la mer lorsqu'elle se retire, ou formés par alluvion, ou agglomération de sable et de vase à l'embouchure des fleuves (4). Certains auteurs n'appliquent le mot *relais* qu'aux terrains de la première espèce, mis à sec par la mer qui se retire (du mot *relinquere*), gardant le mot *lais* (*linquere*) pour désigner les *dépôts d'alluvion* (5). D'autres enfin ont entendu par *relais* d'anciens *lais* redevenus tels (6). Ces distinctions n'ont aucun intérêt pratique. Ce qu'on peut reprocher à notre texte, c'est d'avoir, comme on l'avait déjà fait en 1790 (7), mentionné les *lais et relais* de la mer parmi

(1) Liv. II, tit. 1, § 3 ; aj. L. L., 96 et 112, Dig., *de verb. signif.* L. I, tit. 16.

(2) Liv. IV, tit. 7, art. 1er. — M. Demolombe, *sur la distinction des biens*, t. I, n° 457, fait remarquer avec raison que « le législateur « romain ne considérait que la Méditerranée, qui n'a point de marée, « et dans laquelle c'est en hiver que la mer est plus forte. »

(3) L'art. 557 n'emploie que le mot *relais.*

(4) Aigues-Mortes, ville du Bas-Languedoc, où saint Louis s'embarqua deux fois pour la croisade, se trouve aujourd'hui, par l'effet des alluvions du Rhône, à près de 5 kilomètres de la mer. *Journ. off.* du 25 fév. 1876, p. 1390, ouvrage de M. Ch. Lenthéric, chez Plon.

(5) Merlin, *Rép. de jur.*, v° *Lais et relais.*

(6) V. le *Dictionnaire des travaux publics* de Tarbé de Vauxclairs, *eod. verb.*

(7) Loi des 22 nov. et 1er déc. *sur la législation domaniale,* dont l'art. 1er a été presque littéralement reproduit dans l'art. 538.

les *dépendances du domaine public*. Il est évident que ces *lais et relais*, qui peuvent s'étendre fort loin du rivage, ne sont que des terrains de formation plus ou moins récente, et susceptibles d'une propriété privée, puisqu'ils ne servent à aucun usage public. Sans doute ils appartiennent *à l'État;* et cela se rattache sans doute au principe énoncé dans l'article suivant (539), et aussi dans l'art. 713 (1). Mais quand l'État dispose de ces terrains par des ventes ou concessions quelconques (2), il ne change rien à leur nature, et ne leur donne aucune destination nouvelle. Aussi pourrait-il également être prescrit contre lui (3), tandis que les choses du *domaine public* sont placées hors du commerce et imprescriptibles (Comp. art. 541, 2226 et 2227). La confusion en cette matière vient toujours de l'emploi habituel des mots *propriété domaniale* ou *biens du domaine*, pour indiquer les biens de l'Etat, meubles ou immeubles, qui pourraient appartenir à des particuliers.

V. — *Les ports, les havres, les rades*. — Ce sont des ouvertures plus ou moins vastes, naturelles ou artificielles, de la mer dans les terres; les navires viennent s'y mettre à l'abri et y séjourner (4). Ces lieux de station pour les

(1) Art. 713 : « Les biens qui n'ont pas de maître appartiennent « à l'État. »

(2) Loi du 16 septembre 1807, *relative au dessèchement des marais*, etc., art. 41 : « Le Gouvernement concédera, aux conditions qu'il aura « réglées, les marais, lais et relais de la mer, etc. »

(3) Et, par conséquent, susceptibles d'une *action possessoire* fondée sur la possession annale, comme l'a jugé la Cour de cassation dans l'affaire Arrighi c[e] Conti; civ. cass., 3 novembre 1824 (Sir., 1825, 1, 63).

(4) Le *Rép. de jurispr.* définit ainsi le *port :* « lieu propre à recevoir « les vaisseaux et à les tenir à couvert des tempêtes. » L'ouverture du

navires sont évidemment du domaine public, comme les fleuves navigables et les rivages de la mer (1).

VI. — *Des places de guerre, etc.* — Les places de guerre et les forteresses avec toutes leurs dépendances sont dans le *domaine public* (2), parce qu'on ne peut les concevoir comme appartenant à des particuliers, et cela quoique les individus ne puissent en tirer parti, pour leur avantage privé, comme ils le font des grands chemins, des fleuves, des rivages de la mer, etc. (Comp. art. 714). Cette disposition de l'art. 540 doit être regardée comme toute spéciale, puisque l'art. 538 n'indique point, dans sa nomenclature, les constructions affectées à un *service public;* mais on conçoit que les places de guerre fassent exception à cette règle, étant, *par leur nature même*, exclusivement consacrées à la défense du territoire national (3).

VII. — Après cette énumération de ce qui semblait avoir

port est souvent étroite, et offre un abri sûr à l'intérieur. La *rade* est une vaste étendue de mer, pénétrant dans les terres qui lui forment une enceinte naturelle, d'ordinaire moins sûre que le port. Le *havre* est une petite rade.

(1) « Flumina autem... *et portus* publica sunt. » (Inst., lib. II, tit. I, § 2.)

(2) V., p. 76, le texte de l'art. 540, à la suite de l'art. 538.

(3) V. M. Ducrocq, *Cours de droit administratif*, etc., 4e édit., nos 777 et 779. — Pour ce qui regarde le *classement des places de guerre et des postes militaires*, etc., on peut voir la loi du 10 juillet 1851, et le décret du 10 août 1853, dont les art. 3 et 4 contredisent formellement les art. 1, 2, 3 et 6 de cette loi, en ce qu'ils admettent que la construction et le classement des places de guerre soient ordonnés par de simples décrets. Aujourd'hui on en est revenu à l'observation de la loi de 1851. (V., au sujet des nouveaux forts à construire, la loi du 23 mars 1874, *Compte de liquidation*, art. 8, et la loi du 27 mars suivant; *Journ. off.* des 29 et 31 mars.)

le plus d'importance, l'article ajoute : « et généralement « toutes les portions du territoire français qui ne sont pas « susceptibles d'une propriété privée, sont considérés (1) « comme des dépendances du domaine public. »

Avant de parler des autres portions du *domaine public*, indiquées en bloc dans cette formule générale, nous ferons observer que l'article suivant (539) n'est pas à sa place, et devrait se trouver à la suite de l'art. 540 actuel. En effet, l'art. 539 s'occupe de biens *susceptibles d'une propriété privée*, tels que les maisons, les champs, les bois, etc., qui se trouvent appartenir *à la nation*, ou, comme on dit aujourd'hui, *à l'État*, ou *au domaine de l'État*; et c'est par une étrange bévue que les personnes chargées de préparer l'édition de 1807 (nous ne savons qui elles furent) ont changé les derniers mots de l'art. 539, *appartiennent à la nation*, en ceux-ci : *appartiennent au domaine public* (2). Nous avons placé (n° VI) l'art. 540 à la suite de l'art. 538, dont il est un appendice très-remarquable; plus tard nous reprendrons l'art. 539, en parlant des *biens de l'Etat*.

Le *domaine public* comprend, comme nous l'avons dit au début de cette matière, les portions du territoire, telles que les routes, les rues etc., qui, par leur nature, n'appartiennent à personne, et dont l'usage est commun à tous; sauf ce que nous venons de faire observer (n° VI) relativement aux places de guerre. Ainsi les édifices nationaux affectés à ce que l'on appelle un *service public* (ou d'utilité générale), comme celui d'une assemblée législative, d'un

(1) Le mot *considérés*, mis au masculin, se rapporte à tout ce qui précède dans l'art. 538 (chemins, routes et rues, fleuves, etc.).

(2) Cette faute n'a pas été commise dans l'art. 713.

conseil d'Etat, d'un ministère, d'un hôtel des postes, etc., ne font point, selon nous, partie de ce qu'on nomme le *domaine public*, quel que soit leur caractère artistique ou monumental. Ces édifices peuvent toujours, *sans changer de nature*, recevoir une destination différente : ce sont des *biens de l'Etat*, susceptibles d'une propriété privée et sujets à la prescription (Comp. art. 2226 et 2227) (1).

VIII. — Il n'est pas question de domaine *mobilier* dans nos articles, où on parle uniquement des « *portions du* « *territoire français* qui ne sont pas susceptibles d'une « propriété privée. » Néanmoins la Cour de Paris a jugé que « les manuscrits, actes, plans, autographes et autres « objets précieux, faisant partie de la Bibliothèque natio- « nale, sont inaliénables et imprescriptibles comme appar- « tenant au domaine public » (2); mais une loi nous semblerait nécessaire pour établir cette règle. Il n'y a eu de disposition de ce genre, sous les gouvernements monarchiques, que pour les biens meubles et immeubles faisant partie de la dotation de la couronne (3).

(1) V. M. Batbie, t. V, nos 308 et suiv.; M. Ducrocq, *ibid.*, nos 766 à 779. Telle paraît être l'opinion des agents supérieurs de l'Administration au ministère des finances. — V., en sens contraire, MM. Aubry et Rau, t. II, p. 39, note 9, et les nombreuses autorités qu'ils citent dans l'un et l'autre sens.

(2) Arrêt du 3 janvier 1846 (affre Charron), Sir., 1847, 2, 77; Comp. MM. Aubry et Rau, t. II, § 169, p. 39, et *note* 8 *ibid.* — Nous avons vu admettre la même doctrine, sans contestation aucune, dans l'affaire Chavin (détournements de livres d'une bibliothèque publique), trib. civ. de la Seine, le 14 janvier 1859; avoc. imp. M. Pinard (V. journal *le Droit* du 15 janvier 1859).

(3) V. Lois du 8 nov. 1814 et 2 mars 1832; Sénat.-cons. du 12 décembre 1852.

Du domaine public local.

I. — On comprend dans le *domaine public départemental*, tant les routes abandonnées aux départements moyennant la charge de leur entretien, par le décret du 16 décembre 1811, que les nouvelles routes créées plus tard aux frais des budgets départementaux. En ce qui regarde les premières, il s'était élevé une controverse, qui n'a été tranchée que par la loi du 10 août 1871 *sur les conseils généraux* (1). Depuis la loi du 12 juillet 1865, la création de nombreux chemins de fer d'intérêt local est venue augmenter, et doit augmenter encore dans l'avenir, le domaine public départemental (2).

II. — Dans le *domaine public communal* sont compris les chemins vicinaux des diverses catégories, qui servent aux communications entre les habitants d'une commune ou entre ceux de plusieurs communes, et sont, comme tels, classés et reconnus par l'autorité; aussi ont-ils été déclarés imprescriptibles par l'art. 10 de la loi du 21 mai 1836, *sur les chemins vicinaux* (3). Cette imprescriptibilité, qui

(1) Art. 58 de la loi du 10 août 1871 : « sont comprises définitivement « parmi les propriétés départementales les anciennes routes impé« riales de troisième classe, dont l'entretien a été mis à la charge des « départements par le décret du 16 décembre 1811 ou postérieure« ment. »

(2) En ce qui regarde les édifices appartenant au département, et *affectés à un service public*, nous renvoyons à ce qui a été dit ci-dessus, p. 84, nº VII *in fine*, et note 1, *ibid.*

(3) Art. 10 : « Les chemins vicinaux reconnus et maintenus comme « tels sont imprescriptibles. » — Cela ne s'applique pas aux simples *chemins ruraux*, servant de communication entre un certain nombre d'habitants de la commune, bien que ces chemins soient classés par un arrêté préfectoral. V. à ce sujet les autorités indiquées par

entraîne l'exclusion des actions même simplement possessoires, est, comme nous l'avons déjà vu, un des caractères notables des dépendances du *domaine public* (1). Il faut y joindre les rues non mises à la charge de l'Etat, les places, les promenades, et les monuments qui se confondent avec elles, comme les statues, les arcs de triomphe, etc. Quant aux églises, la jurisprudence semble admettre qu'elles ont été placées dans le domaine public par l'art. 12 du concordat de l'an IX (2); qu'en conséquence des servitudes ne peuvent être acquises sur les murs, ou même sur les piliers extérieurs ou contreforts de ces édifices (Comp. art. 690) (3).

DES BIENS DE L'ÉTAT.

I. — Les choses comprises dans cette classe sont, comme disaient les Romains, non *in publico usu*, mais *in*

MM. Aubry et Rau, *ibid.*, p. 41, note 15, et notamment le jugement du *tribunal des conflits*, du 21 janv. 1851 (aff[re] Delert), Sir., 51, 2, 454.

(1) MM. Aubry et Rau ajoutent ici, outre les églises, les hôtels de ville, les bâtiments consacrés aux hôpitaux ou hospices communaux, les bibliothèques et musées « avec les objets qui en dépendent». (V. ce que nous venons de dire, p. 84, n° VII *in fine*, et n° VIII). Mais un arrêt de la Cour de Paris, du 18 février 1854, cité par M. Ducrocq (*Préfet d'Eure-et-Loir contre Savigny*), juge qu'un hôtel de préfecture, édifice *communal* ou *départemental* suivant les cas, n'a point changé de caractère pour avoir été affecté à un usage public, et demeure ainsi dans le commerce.

(2) Concordat du 26 messidor an IX, art. 12 : « Toutes les églises « métropolitaines, cathédrales, paroissiales et autres non aliénées, « nécessaires au culte, seront remises à la disposition des évêques. » Comp. M. Ducrocq, *ibid.*, n° 798. — M. Batbie, au contraire, n° 313, n'admet pas que ce texte suffise pour faire entrer les églises dans le domaine public.

(3) V. les arrêts cités dans Sirey, en note de celui de la C. de cass., ch. civ. rej., 7 nov. 1860 (Sir. 1861, 1, 353).

pecunia populi (1). Elles sont d'ailleurs dans le commerce, et peuvent, *sans aucunement changer de nature*, passer dans le domaine des particuliers, par vente ou autre aliénation, et par prescription. Cette classe de biens comprend une foule d'objets mobiliers, denrées et approvisionnements de toute espèce, et aussi des immeubles considérables, notamment des forêts (2).

II. — Nous rappelons, à ce sujet, ce qui a été dit plus haut (3) des *lais et relais de la mer* à tort mentionnés dans l'art. 538, et qui sont des *biens de l'Etat*. Nous y joindrons « les îles, îlots, atterrissements, qui se forment dans « le lit des fleuves ou des rivières navigables ou flot- « tables » ; l'art. 560, qui déclare que ces îles, îlots, etc., appartiennent à l'Etat, prend soin d'ajouter : *s'il n'y a titre ou prescription contraire;* et cela est conforme aux principes déjà exposés plus haut. Une disposition analogue se trouve à la fin de l'art. 541, relatif aux terrains, etc., des places qui ont cessé d'être places de guerre, article sur lequel nous allons revenir.

Dans la même nomenclature entreront en bloc les biens *vacants et sans maître,* c'est-à-dire qui ont cessé d'avoir un propriétaire connu. Cette dénomination se trouve dans l'art. 539, dont nous transcrivons le texte :

Art. 539. — « Tous les biens vacants et sans maître, et ceux des personnes qui décèdent sans héritiers, ou dont les successions sont abandonnées, appartiennent au domaine public (4). »

(1) L. 5, Dig., *De contr. empt.* (lib. XVIII, tit. 1).
(2) V. le Tit. III, du Code forestier, et les arrêts cités par MM. Aubry et Rau, t. II, p. 48, et note 10, *ibid.*
(3) P. 80, n° IV.
(4) Le texte primitif portait : « Tous les biens vacants et sans mître, etc., appartiennent *à la nation.* » Nous avons dit plus haut

I. — Le principe général ici posé attribue à l'État les biens qui n'ont plus de maître *connu*, et, par application de cette règle, les successions demeurées sans héritiers, soit qu'il n'y en eût pas à la mort du *de cujus*, soit qu'ils aient renoncé à leurs droits. Le mot *héritiers* est d'ailleurs entendu ici dans le sens le plus large, et comprend non-seulement les parents légitimes, mais encore d'autres successeurs, qui sont les parents naturels et l'époux (Comp. art. 723, 724, 765, 766, 767, et 768); lorsque tous les successeurs font ainsi défaut, la succession est acquise à l'Etat (1).

II. — En dehors du droit sur les successions, quel sens faut-il attacher à cette partie de l'art. 539 : « Tous « les biens vacants et sans maître... appartiennent à l'État » (2)? On n'a pas voulu parler ici de toutes les *res nullius*, ou qui n'ont jamais appartenu à personne, telles que le gibier; car, d'après les *lois particulières* qui « règlent la faculté de chasser ou de pêcher » (V. article 715), il est loisible à chacun de chasser sur son terrain, aux riverains de pêcher dans les cours d'eau non navigables ou flottables qui bordent leurs propriétés (3),

(p. 83, nº VII) que, lors de la révision de 1807, on a mal à propos mis : *au domaine public*, au lieu de : *à l'État*.

(1) On dit quelquefois alors qu'elle est en *déshérence* (*deest heres*); V. art. 33, C. civ.

(2) C'est la disposition qui avait déjà été décrétée près d'un an auparavant (le 29 germinal an XI), dans l'art. 713, ainsi conçu : « Les « biens qui n'ont pas de maître appartiennent à la nation (à l'État) »; notre Titre *De la distinction des biens* n'a été décrété que le 4 pluviôse an XII.

(3) Jusqu'au milieu du cours de l'eau, sans préjudice des droits contraires établis par prescription ou titres (Loi du 15 avril 1829 *sur la pêche fluviale*, art. 2).

enfin à toute personne de pêcher dans la mer et dans les fleuves et rivières jusqu'aux limites de l'inscription maritime (1).

On peut cependant rattacher au principe des art. 536 et 713 le droit de l'État aux lais et relais de la mer, et aux îles, etc., qui se forment dans les rivières navigables et flottables (art. 560) (2).

III. — A-t-on voulu, dans les art. 539 et 713, attribuer à l'État un droit sur *les épaves* proprement dites, que Merlin définit : « les choses égarées dont on ne connaît « pas le propriétaire » (3)? Mais comment donner une portée aussi large aux art. 539 et 713 lorsqu'on voit, un peu plus loin, l'art. 717 renvoyer encore *à des lois particulières* pour ce qui regarde les droits sur les « choses perdues dont le maître ne se représente pas »? Et l'art. 716 n'attribue-t-il pas à d'autres qu'à l'Etat la propriété du *trésor*, c'est-à-dire de toute « chose cachée ou « enfouie sur laquelle personne ne peut justifier sa pro- « priété, etc. » (4)?

Quant à l'abandon d'un *immeuble* isolé qui demeurerait

(1) V. Loi précitée du 29 avril 1829, art. 3.

(2) Ci-dessus, p. 80, nº IV.

(3) *Rép. de jur.*, V. *Epaves*, qu'on fait venir d'*expavescere*, effrayer, à propos des animaux domestiques, qui se sont effrayés et égarés hors des lieux qu'ils habitent (*expavefacta animalia*) (Comp. Inst. de Just., Lib. II, Tit. 1, § 16). Le mot se serait ensuite appliqué abusivement à d'autres objets *perdus*, et même à des choses qui n'ont jamais appartenu à personne.

(4) M. Treilhard a donc été beaucoup trop loin en disant que « le « droit du premier occupant est inadmissible dans une société civili- « sée » *Exposé des motifs du Titre de la distinction des biens*. (Fenet, t. XI, p. 40). Le droit d'*occupation* existe évidemment, quoiqu'il ne figure pas dans l'énumération des art. 711 et 712.

sans maître, en dehors du cas de succession abandonnée, c'est un fait trop extraordinaire pour avoir été pris en considération.

Lois spéciales sur certaines épaves. — Ces lois, auxquelles renvoie l'art. 717 (1), ont été faites à de longs intervalles et sous des régimes très-différents. Aucun lien doctrinal ne semble les unir; chacune d'elles a été pour le sujet dont elle traite le résultat de vues particulières, réfléchies ou non, surtout en ce qui regarde le règlement des prescriptions. Nous les indiquons ici en note (2), pour qu'on s'y reporte au besoin, mais sans nous arrêter sur les détails. Nous ferons seulement, à ce propos, quelques observations très-générales :

1° Lorsqu'il s'agit d'épaves proprement dites, on ne voit pas pourquoi, si le propriétaire ou ses ayants-cause se

(1) En ce qui regarde « les droits sur les effets jetés à la mer, sur « les objets que la mer rejette..... sur les plantes et herbages qui « croissent sur les rivages de la mer », enfin sur les « choses perdues « dont le maître ne se représente pas. »

(2) Comp. MM. Aubry et Rau, *ibid.*, p. 44 et 45. — Nous suivons l'ordre chronologique : Ordonnance des eaux et forêts du mois d'août 1669, tit. 31, art. 16 et 17 (*épaves fluviales*); Ordonnance de la marine du mois d'août 1681, Liv. IV, tit. 9, et Liv. V, tit. 7 (*épaves maritimes*); — Loi des 6-22 août 1791, tit. 9, art. 2 et 5 (objets déposés dans les bureaux de douanes); Loi du 11 germ. an IV, modifiée par l'ordonnance du 22 février 1829 (objets déposés à l'occasion des procès civils ou criminels); Décret du 13 août 1810 (objets confiés à des entrepreneurs de roulages, messageries, etc.); Loi du 3 mars 1822 sur la police sanitaire, art. 20 (objets déposés dans les lazarets, etc.); Loi du 31 janvier 1833, art. 1 (sommes versées et objets trouvés dans les bureaux de poste; aj. Loi des finances du 5 mai 1855). — Toutes les dispositions édictées à partir de 1791 sont relatives à des *épaves terrestres*. Quant aux *herbages qui croissent sur les rivages de la mer* (art. 717), ils rentrent dans la classe des biens dits *communaux* (V. art. 542, et MM. Aubry et Rau, *ibid.*, note 17).

font connaître, l'État ne leur rendrait pas les objets en nature, ou leur valeur (déduction faite des frais), tant que le délai ordinaire de la prescription n'est pas écoulé. C'est ce qui a lieu effectivement, d'après l'ordonnance royale du 22 février 1829, quant aux objets déposés dans les greffes des tribunaux (1). Et telle devrait être, selon nous, la règle pour tous les cas analogues : on se conformerait ainsi à la disposition de l'art. 2227 du Code civil, portant que « l'État, les établissements publics, etc., sont soumis *aux* « *mêmes prescriptions* que les particuliers, et *peuvent éga-* « *lement les opposer* » (2). Aussi l'ordonnance a-t-elle grand soin de viser l'art. 2227 dans son préambule; elle écarte ainsi l'application de la loi du 11 germinal an IV, dont l'art. 4 voulait que les propriétaires des objets (trouvés dans les greffes) se présentassent » dans le délai « d'une année à compter du jour de la vente », et défendait de recevoir aucune réclamation après ce délai.

En généralisant cette idée, on regarderait l'art. 2262 du Code civil comme ayant abrogé les délais d'un *mois*, de *six mois*, et d'*une année*, imposés aux réclamants par plusieurs des textes indiqués à la note 1 de la page précédente (3). Nous n'osons guère proposer cette doctrine hardie, qui heurterait de front toute la pratique; ce qui nous arrête surtout, c'est que, *depuis le Code civil,* on voit

(1) Cette ordonnance, art. 2, parlant des sommes provenues des ventes, dit que : « les ayants-droit pourront les réclamer dans les « délais fixés par l'art. 2262 du Code civil », c'est-à-dire dans les trente ans.

(2) L'art. 2279 n'est pas applicable en pareil cas : il suppose qu'un acquéreur a traité de bonne foi avec celui qui se présentait comme propriétaire (Comp. art. 1141).

(3) P. 90, même note 1; Comp. Ordonnances de 1669 et de 1681; Loi des 6-22 août 1891; Décret du 13 août 1810.

d'autres lois se jeter dans de nouvelles fantaisies réglementaires, au sujet du délai accordé aux ayants-droit pour réclamer (1).

2° Les *épaves maritimes* n'appartiennent pas toujours et absolument à l'État, mais parfois, ou en entier à celui qui les trouve (*l'inventeur*), ou à l'État et à l'inventeur dans la proportion des deux tiers au tiers (2). Il y a là, comme on voit, une complication d'un autre genre.

3° On ne trouve point de loi moderne, ni même de loi ancienne proprement dite, qui s'applique à toutes les autres *épaves terrestres* non mentionnées plus haut : nous voulons parler de cette quantité d'objets de toute nature, chaque jour perdus et trouvés dans les rues et autres lieux publics, et parfois aussi dans les habitations, cours, jardins, etc., de l'inventeur (3). Cette lacune paraît surprenante, quand on se rappelle que l'art. 717, parlant de certains droits « réglés par des lois particulières, » ajoute, dans les termes les plus généraux : « Il en est de même *des choses* « *perdues* dont le maître ne se représente pas. »

Quelle a donc pu être la pensée des auteurs du Code sur ce point? ont-ils voulu s'en référer aux anciennes coutumes, qui attribuaient les épaves terrestres aux seigneurs haut-justiciers, ou pour le tout (droit coutumier ordinaire),

(1) Ainsi, quant aux objets déposés dans les lazarets, et dont la vente a lieu *après deux ans*, la réclamation est admise *dans les cinq années* qui suivent cette vente (Loi du 22 mars 1822); pour les sommes et valeurs déposées aux bureaux de poste, ou trouvées dans les boîtes, etc., on imagine une prescription de *huit années*, inconnue jusqu'alors en jurisprudence (Loi du 31 janvier 1833).

(2) V., pour les détails, MM. Aubry et Rau, 4e édit., t. II, § 201, p. 243.

(3) Il arrive, par exemple, que des animaux habituellement sédentaires, comme des volailles de basse-cour, s'échappent et passent d'une habitation à l'autre, sans que leur provenance soit connue.

ou pour les deux tiers en réservant le troisième tiers à l'inventeur (1)? L'Etat serait alors comme substitué aux droits des seigneurs, et obtiendrait, dans chaque province, ce qui appartenait à ces derniers. En ce sens on pourrait alléguer le texte de la loi des 13-20 avril 1791, qui n'abroge pas précisément le droit d'*épave*, mais se borne à dire que ce droit et d'autres encore « n'auront plus lieu « en faveur des ci-devant seigneurs, à compter de la « publication des décrets du 4 août 1789 (abolitifs du régime féodal) (2). » Mais est-il croyable que, relativement à *un droit de l'Etat*, on ait voulu conserver en France cette bigarrure des coutumes? Lorsque le Code maintient des *usages locaux*, c'est pour ménager des habitudes nées de rapports journaliers entre les personnes, notamment pour ce qui a trait aux obligations qui naissent du voisinage; et alors il s'en explique en termes formels (3). Cette attribution, faite à l'Etat, de toutes les choses perdues, semblerait d'autant plus étrange qu'il n'a aucun droit sur les trésors cachés ou enfouis qui viennent à être découverts (art. 716); et cependant jadis, dans presque tous les pays de coutumes, les trésors appartenaient au seigneur haut-justicier, pour la moitié ou pour un tiers suivant les cas (4).

(1) M. Demolombe fait remarquer (t. XIII, 1er *des successions*, n° 69) que, dans quelques provinces, le droit seigneurial d'épaves était restreint aux *animaux égarés;* les autres objets perdus étaient laissés à l'inventeur, s'ils n'avaient pas été réclamés après publication.

(2) Voici le texte de la loi à ce sujet, Tit. 1, art. 7 : « Les droits de « déshérence, d'aubaine, de bâtardise, d'*épaves*, de varech, *de trésor* « *trouvé*, et celui de s'approprier les terres vaines et vagues, etc., « n'auront plus lieu en faveur des ci-devant seigneurs, à compter de « la publication des décrets du 4 août 1789, etc., etc. »

(3) V. art. 593, 671, 674, etc.

(4) V. *Rép. de jur.*, v° *Occupation*, § 3, art. 1, n° 5. — Nous venons de voir (p. 93, note 2) ce droit abrogé par la loi des 13-20 avril 1791.

On suit aujourd'hui chez nous la loi romaine (1), déjà admise autrefois en pays de droit écrit, et le trésor appartient au propriétaire qui le trouve dans son fonds, ou, si l'inventeur est étranger, pour moitié à ce dernier et pour l'autre moitié au propriétaire. Or peut-on imaginer que l'État, n'ayant rien à réclamer sur les *trésors* (2), aille soulever des prétentions sur les objets les plus minimes, qui viendraient à être trouvés dans les rues ou autres lieux? Cela est assurément peu vraisemblable. Il faut donc regarder cette matière comme n'étant aucunement réglée par le Code, et ne rentrant pas dans ses dispositions. Sans aucun doute l'inventeur doit restituer la chose au propriétaire qui se fait connaître; il doit même le rechercher autant que possible; enfin, si la chose a quelque valeur, il fera bien de la remettre à l'autorité locale, maire ou commissaire de police. Mais si le propriétaire reste inconnu, l'objet doit être acquis à l'inventeur, après l'expiration du temps requis pour la prescription (art. 2262). L'inventeur sera ainsi lui-même encouragé à faire le dépôt, dans l'espérance de pouvoir un jour en profiter (3).»

(1). V. Inst. de Just.. Liv. II, tit. 1, § 39.

(2) Le journal *le Droit* du 9 novembre 1873 rappelle la découverte faite par un ouvrier terrassier, en 1867, d'une belle collection de monnaies et médailles romaines, dans une fouille pratiquée au lycée Henri IV pour le raccordement d'un égout. La Ville de Paris a racheté à l'ouvrier sa part dans le trésor, moyennant une somme de 18,292 francs.

(3) C'est l'observation qu'a faite le ministre des finances, dans une décision du 3 août 1825. — V., en ce sens, II, Demolombe, *ibid.*, n° 71. — MM. Aubry et Rau, § 201, p. 244, note 46, partagent cette opinion. Mais nous ne pouvons admettre, avec les deux savants auteurs, qu'il ne s'agit pas ici de *bien vacants et sans maître*, parce que *le propriétaire a une action pour les réclamer;* car provisoirement, ce propriétaire, n'étant pas connu, est comme s'il n'existait pas. Et c'est bien là évidemment ce qui explique l'attribution, faite à l'État, de plusieurs

Des portions enlevées au domaine public. — I. — Les portions du *domaine public général* qui en sont retranchées ne sont plus que des biens appartenant *à l'Etat*. C'est ce qui arrive, par exemple, lorsqu'une route nationale est supprimée. Ces terrains et leurs accessoires n'étant plus *in usu publico*, peuvent être aliénés par l'État, selon les règles et dans les formes ordinaires, ou prescrits contre lui suivant le droit commun (1) (art. 2227).

Tels sont les principes que nous trouvons appliqués aux places de guerre, par l'art. 541 ainsi conçu :

ART. 541. « Il en est de même des terrains, des fortifications et remparts des places qui ne sont plus places de guerre : ils appartiennent à l'État, s'ils n'ont été valablement aliénés, ou si la propriété n'en a pas été prescrite contre lui (2). »

II. — C'est ce qui a lieu aussi à l'égard, soit du département, soit de la commune, pour ce qui cesse d'être affecté au domaine public *départemental* ou *communal*, par exemple si on a supprimé une route départementale ou un chemin vicinal : en pareil cas, les terrains, devenus de simples biens du département ou de la commune, sont dorénavant prescriptibles. Aussi avons-nous vu que l'art. 10 de la loi du 21 mai 1836 *sur les chemins vicinaux*,

sortes d'*épaves*, indiquées par les mêmes auteurs (n° 170, p. 44 et 45, notes 8 à 15). — V. *Journal officiel* du 10 mars 1879, proposition de loi de M. Rameau à la Chambre des députés ayant pour objet de déterminer le droit sur les choses perdues dont le maître ne se représente pas.

(1) Quant à la prescriptibilité des bois et forêts de l'État, V. M. Batbie, t. V, nos 24 et suiv.

(2) Cet art. 541 n'est pas à sa place dans le Code ; il aurait dû suivre immédiatement l'art. 539, tandis que l'art. 540 se rattache à l'art. 538, auquel nous l'avons réuni, p. 76. — Le mauvais classement de ces articles a sans doute servi à tromper le réviseur de 1807, qui a écrit maladroitement les mots *domaine public* dans l'art. 539.

ne déclare imprescriptibles que : « les chemins vicinaux *reconnus et maintenus comme tels* » (1).

III. — Il y aura lieu d'examiner, en fait, si telle ou telle dépendance du domaine public a cessé de l'être, par un acte de déclassement émané de l'autorité compétente (2); cela s'appliquera aux routes, chemins de toute nature, ponts et canaux, etc.

DES BIENS COMMUNAUX.

ART. 542. — « Les biens communaux sont ceux à la propriété ou au produit desquels les habitants d'une ou plusieurs communes ont un droit acquis. »

I. — Cette définition est à peu près copiée sur la loi du 10 juin 1793 (3); sauf qu'elle omet de parler des *sections de commune*, ou anciennes communes qui, ayant des biens, ont été réunies à d'autres, ou auxquelles d'autres ont été réunies. Nous en parlerons un peu plus loin.

(1) Com. l'art. 2227 qui soumet *les communes* aux règles du droit ordinaire sur la prescription. Nous savons qu'à l'époque où le Code a été fait, la qualité de *propriétaires* n'était pas encore reconnue aux départements (V. p. 74, n° II).

(2) En ce qui regarde les places de guerre, nous renvoyons aux observations déjà faites (p. 82, note 3) sur la loi du 10 juillet 1851, par son art. 1er, n'avait fait que reproduire le principe formulé dans l'art. 4 du Tit. 1er de la loi des 8-10 juillet 1791, ainsi conçu : « Nulle « construction nouvelle de place de guerre ou poste militaire, *et* « *nulle suppression ou démolition* de ceux actuellement existants, ne « pourront être ordonnés que d'après l'avis d'un conseil de guerre, « confirmé par un décret du Corps législatif, sanctionné par le roi. »

(3) Loi du 10 juin 1792 *concernant le mode de partage des biens communaux*, sect. 1re, art. 1er : « Les biens communaux sont ceux sur la « propriété ou le produit desquels tous les habitants d'une ou de « plusieurs communes, *ou d'une section de commune*, ont un droit « *commun*. »

I. — La loi de 1793 distingue deux sortes de biens de la commune; ces biens, dit-elle, peuvent être « soit *communaux*, soit *patrimoniaux* ».

Les biens *communaux* proprement dits sont les biens dont les particuliers de la commune ont la jouissance directe en nature; tels sont les pâturages, landes, etc., où ils ont le droit de mener paître leurs troupeaux, en certains temps et à certaines conditions, et les forêts qui leur fournissent du bois pour les usages domestiques (*affouage*) ou pour construire ou réparer les maisons (1).

Les biens *patrimoniaux* sont ceux que la commune, être moral, emploie ou exploite elle-même, sans que les individus puissent en tirer un profit personnel. Ainsi la commune afferme des biens, ou vend leurs fruits en nature, en sorte que, d'une manière ou de l'autre, elle s'en fait un revenu en argent; ou encore elle les affecte à un service public, tel que celui des bureaux de la mairie (2).

Certainement tous ces biens *communaux* ou appartenant à la commune, sont aussi *patrimoniaux*, en ce sens qu'ils sont le patrimoine de cette commune; mais dans le langage de la loi de 1793 on fait la distinction que nous venons d'indiquer, et qui ressort déjà de la définition même, transcrite plus haut (3) : « Sur la propriété *ou le*

(1) V. Code forestier, art. 102 à 105. — Le droit aux bois de construction appartient en quelque sorte, et comme *servitude réelle*, aux édifices de la commune, et dès lors peut être exercé par les propriétaires *même non habitants*.

(2) Quelquefois la commune a un revenu dans l'exploitation de choses du domaine public, lorsque, par exemple, elle perçoit le péage d'un pont, lorsqu'elle met en vente le produit de certains arbres des promenades, etc.

(3) D'après la loi *sur l'administration municipale* du 18 juillet 1837, art. 19 et 20, les délibérations du conseil municipal, sur les baux à

« *produit* desquels, etc. » Dans la pensée de cette loi, et de l'art. 542 qui la reproduit, les *biens communaux* par excellence, et dont le caractère se manifeste de la manière la plus claire, sont ceux dont chaque membre de la commune tire un profit direct, ce qui est toujours plus ou moins précaire, car les biens dont il s'agit peuvent être affermés ou même aliénés. Cette distinction, entre les biens communaux proprement dits et les biens patrimoniaux, se retrouvera plus loin à propos des *sections de commune* (V. page 100 et note 2).

II. — En réalité, comme on l'a souvent fait remarquer, c'est à la commune elle-même, être moral, qu'appartiennent les biens, et non pas aux habitants considérés *ut singuli*. A cet égard, la rédaction de notre art. 542 vient peut-être de ce que la loi du 10 juin 1793, à laquelle on a emprunté cette rédaction (1), permettait les partages des biens des communes, patrimoniaux ou non (2), entre les habitants, sans distinction d'âge et de sexe, en exceptant

longue durée des biens de la commune, et sur l'aliénation de ces biens, doivent être approuvées par l'autorité administrative supérieure. Comp. la loi précitée du 10 juin 1793, sect. 3, art. 14.

(1) L'art. 542, dans ses termes, enchérit encore sur la loi de 1793. Celle-ci dit que les habitants ont sur la propriété etc. un droit *commun*, ce qui peut faire entendre que, en cette matière, la *communauté* ou indivision est du moins le principe. L'article du Code ne disant plus un *droit commun*, mais un *droit acquis*, semblerait admettre que *chaque habitant*, comme tout autre copropriétaire, pourrait demander la sortie d'indivision par le partage (art. 815), ce qui a toujours été faux. Le motif de ce changement de rédaction a été probablement d'éviter dans l'article le rapprochement des mots *communaux, communes* et *commun*.

(2) Sur le vote d'un tiers au moins des habitants des deux sexes, âgés de vingt et un ans, ayant droit au partage (citoyens français domiciliés depuis un an) ; sect. 3, art. 1 à 9.

de la règle, outre les dépendances du domaine public proprement dit, les bâtiments employés à un service public, les bois communaux, et divers terrains précieux à raison des productions minérales qui y sont renfermées (1).

III. — Notre art. 541, comme l'art. 1er, sect. 1re, de la loi de 1793 (2), suppose que des biens peuvent être indivis entre plusieurs communes; et alors il peut y avoir un partage entre elles (3).

IV. Dans un sens large, on peut aussi appeler *biens communaux* de simples droits d'usage, qu'une commune a sur des fonds de terre appartenant à l'État ou à d'autres communes, ou à des établissements publics (4), ou même

(1) Sect. 1re, art. 3 et 9. L'art. 3 porte que « tous les biens appartenant aux communes, *soit communaux*, *soit patrimoniaux*, de quelque nature qu'ils puissent être, pourront être partagés, s'ils sont susceptibles de partage, dans les formes et d'après les règles ci-après prescrites, et sauf les exceptions qui seront prononcées. » (Comp. *ibid.*, sect. 2, art. 5). — Cette loi fut suspendue par celle du 21 prairial an IV, qui déclare surseoir à toutes actions et poursuites ayant pour objet l'exécution de la loi du 10 juin 1793, quant aux partages des biens communaux. Une autre loi, du 9 ventôse an XII, maintint les partages effectués antérieurement; et, par suite, le droit de partage entre les habitants d'*une même commune* est regardé comme non maintenu dans la législation actuelle, bien qu'aucun texte (si ce n'est pour les forêts) ne l'ait prohibé d'une manière expresse.

(2) V. ci-dessus, p. 96, note 3.

(3) L'art. 92 du Code forestier, après avoir déclaré que « la propriété des bois communaux ne peut jamais donner lieu à partage entre les habitants », ajoute : « mais lorsque deux ou plusieurs communes possèdent un bois par indivis, chacune conserve le droit d'en provoquer le partage. »

(4) V. Code forestier, art. 65, au sujet du droit d'usages communaux dans *les bois de l'État*, et *ibid.*, art. 112, quant aux mêmes droits dans *les bois des communes et des établissements publics* (Comp. C. civ., art. 636).

à des particuliers (Comp. art. 543). La loi du 10 juin 1793 ne s'en était pas occupée.

Des sections de commune. — Nous avons dit en commençant que l'art. 542 avait omis de parler des *sections de commune*, qui figurent dans la loi du 10 juin 1793 (1). Ce sont d'anciennes communes indépendantes qui, ayant été réunies à d'autres, conservent privativement certains biens; à ce point de vue, elles ont encore une individualité distincte. Ces droits particuliers des sections (propriétaires ou usagères) leur ont toujours été reconnus; nous n'avons pas à étudier les détails de ce sujet, qui a donné lieu à beaucoup de questions diverses (2).

— *Division relative aux Titres suivants.* — L'art. 543 indique les droits réels (3) dont on va s'occuper dans les trois Titres suivants, qui complètent le livre II du Code.

(1) L'art. 1er de la sect. 1re a été cité plus haut (p. 96, note 3). L'article suivant dit que « si une municipalité (ou commune) est composée « de *plusieurs sections différentes*, et que chacune d'elles ait des biens « communaux séparés, les habitants seuls de la section qui jouissait « du bien communal auront droit au partage. »

(2) Aux termes des art. 5 et 6 de la loi du 18 juillet 1837 (*sur l'administration municipale*), la commune devenue simple section, ou la section réunie à une autre commune, conserve la propriété de ses biens ne *servant pas à un usage public*. Des difficultés se sont élevées au sujet des biens dont les habitants ne jouissent pas *en nature* (Comp. les mêmes articles). Le Conseil d'État en attribue *le revenu* à la commune dont la section fait actuellement partie, si ce n'est lorsque lesdits biens, soumis à la perception en nature *avant la réunion*, n'ont été employés que depuis à produire un revenu en argent; car alors le prix des loyers ou des baux à ferme doit servir uniquement aux dépenses intéressant la section de commune (V. M. Ducrocq, *Cours de droit admin.*, t. I, n° 753; Comp. M. Batbie, t. V, nos 154 et suiv.).

(3) V. ci-dessus, p. 3, n° III.

Art. 543. — « On peut avoir sur les biens, ou un droit de propriété, ou un simple droit de jouissance, ou seulement des services fonciers à prétendre. »

I. — Le droit de *propriété* (Tit. 1) est, comme nous le savons déjà, le droit réel le plus complet, celui qui, en principe, permet de tirer d'une chose tous les avantages qu'elle peut fournir, sauf les restrictions qui résultent de la volonté de l'homme, ou même en certains cas, des dispositions de la loi (Comp. art. 544) (1). Le *simple droit de jouissance* porte des noms divers, selon l'étendue des bénéfices qu'il procure (*usufruit, usage, habitation*); le plus considérable d'entre eux, et de beaucoup aussi le plus ordinaire dans la pratique, est l'usufruit (2). Tous d'ailleurs s'éteignent à la mort de celui auquel ils appartenaient (V. art. 617 et 625) (3). Nous savons que le Code ne dit rien de l'emphytéose, dont l'existence est cependant admise par la Cour de cassation, qui lui applique d'anciennes règles (4). Et quant au droit du preneur (locataire ou fermier), on le regarde généralement comme *personnel* plutôt que *réel*, et aussi comme purement *mobilier* (5). Enfin les *services fonciers* ou *servitudes*, objets du Titre IV, supposent nécessairement des immeubles par leur nature ou *héritages* (fonds de terre bâtis ou non),

(1) V. ci-dessus p. 4, n° IV.

(2) V. p. 36, n° 1, A.

(3) Nous avons déjà remarqué (p. 4, note 1) que, pour ce motif, on les appelle quelquefois *droits personnels*, ce qui est étranger à la distinction ordinaire des droits en *personnels et réels*.

(4) Comp. ci-dessus, p. 22, note 1, et p. 59, note 2. Ainsi l'emphytéose constituerait un droit réel de jouissance *sui generis*, se transmettant aux héritiers, à la charge de payer une redevance annuelle, (*Canon*), rachetable lorsque l'emphytéose est établie pour plus de quatre-vingt-dix-neuf ans.

(5) V. ci-dessus, p. 20, note 1.

dont elles sont en quelque sorte les qualités juridiques, actives ou passives. Nous avons déjà fait observer (1) que dans la définition donnée par l'art. 637, l'idée de la servitude se présente d'abord au point de vue passif, celui de la *charge* imposée à un héritage, le côté actif ou du profit dérivé de cette charge n'apparaissant qu'à la fin de la phrase. Au contraire, l'art. 543, qui classe les servitudes parmi les *droits*, les considère au point de vue actif, ou de l'avantage qu'elles ont pour le propriétaire du fonds dominant.

La classification donnée par l'art. 543 ne comprend pas l'*hypothèque*, que pourtant le Code définit un *droit* réel sur les immeubles (art. 2114) (2), ni le *nantissement* (art. 2071 à 2091), ni enfin la *possession*, dont il va s'occuper un peu plus loin (art. 549 et 550; Comp. art. 2228 et suiv.). Du reste, on peut soutenir que la possession est moins un droit qu'un fait, auquel la loi attache certains avantages. Il est vrai que parfois elle est protégée par des actions spéciales (V. C. de pr. civ., art. 23 et suiv.), mais ce serait uniquement à raison de la probabilité d'un véritable droit sur la chose (propriété, usufruit ou servitude), existant chez le possesseur (3).

(1) P. 37, C. —

(2) Comp. p. 39, E.

(3) V. MM. Aubry et Rau, t. II, § 178, p. 79, et les auteurs qu'ils citent, notamment Belime, *Traité du droit de possession etc.*, n°s 12 et suiv. Au n° 15, Belime dit : « Peut-être, au lieu d'appeler la saisine possessoire *droit de possession*, serait-il plus philosophique de l'appeler *présomption provisoire de propriété résultant de la possession annale*.

TITRE II

DE LA PROPRIÉTÉ

Art. 544. — « La propriété est le droit de jouir et de disposer des choses de la manière la plus absolue (1), pourvu qu'on n'en fasse pas un usage prohibé par les lois ou par les règlements. »

I. — Cette définition donne l'idée générale de la propriété non grevée de quelque charge accidentelle, comme l'usufruit, l'usage ou l'habitation, l'hypothèque etc. Le propriétaire ayant (ce qu'exprime son titre même) la chose *en propre*, destinée à son avantage exclusif, peut, comme le dit l'article, en *jouir* et en *disposer de la manière la plus absolue*. *Jouir* d'une chose, c'est d'abord s'en servir, l'employer à l'usage qu'elle comporte, et, de plus, en retirer les fruits qu'elle peut produire (2). Le mot *disposer* (3) indique le pouvoir de transformer la chose, ou même de la détruire; ainsi le propriétaire défriche une forêt, démolit une maison, change une vigne en prairie, consomme

(1) Ou, comme disent MM. Aubry et Rau, « le droit en vertu duquel une chose se trouve soumise, d'une manière exclusive et absolue, à la volonté et à l'action d'une personne ». T. II, § 190, p. 169.

(2) Le droit de se servir de la chose est ce que les Romains appelaient *usus*, tandis que pour désigner le droit aux fruits, ils employaient le mot *fructus*. Le mot *jouir*, dans l'art. 543, comprend donc à la fois l'*usus* et le *fructus* des Romains. La réunion des deux substantifs a formé le mot *ususfructus*, d'où notre mot *usufruit*.

(3) Le mot latin *abuti* exprime surtout l'idée d'un usage qui, de sa nature, ne se renouvelle pas.

des denrées, etc. (1). Au contraire, l'usufruitier, ou toute autre personne ayant une jouissance plus ou moins étendue, a bien la faculté de se servir de la chose, et d'en recueillir les fruits (pour le tout ou partie), mais *à la charge d'en conserver la substance* (art. 578) (2).

II. — En terminant, l'article dit que le propriétaire ne doit pas faire des choses « un usage prohibé par les lois ou par les règlements (3). » Ainsi, dans le titre IV (*Des servitudes ou services fonciers*), nous trouvons l'indication de charges pesant sur les fonds, et que le législateur regarde comme nécessaires, car il les fait dériver *de la situation naturelle des lieux* (art. 640 et suiv.)

D'autres charges foncières, dont la nécessité est moins évidente, sont dites *légales* ou *établies par la loi* (art. 649 à 685). Comme ces relations des fonds existent chez nous de plein droit entre propriétaires voisins, on peut dire qu'elles entrent dans la constitution même de la propriété des immeubles. Enfin des servitudes dites *militaires*, non indiquées dans l'art. 650 du Code, emportent interdiction de construire ou d'élever des ouvrages à certaines distances des places de guerre (4). Nous ne pouvons ici que ren-

(1) Dépenser de l'argent est aussi une manière de *disposer* en consommant, *abuti ;* car l'usage de telle ou telle pièce de monnaie n'a lieu qu'une fois pour celui qui la dépense.

(2) Il est vrai que parfois l'usufruit comprend « des choses dont on « ne peut faire usage sans les consommer, comme l'argent, les grains, etc. (V. art. 587). Mais, en ce cas, l'usufruitier est réellement *propriétaire* de la monnaie ou des denrées qu'il reçoit, et n'est tenu qu'à restituer *un équivalent.*

(3) Déjà (p. 72) nous avons transcrit l'art. 537, portant que « les « particuliers ont la libre disposition des biens qui leur appartiennent, « *sous les modifications établies par les lois.* »

(4) V. la loi du 10 juillet 1851, citée plus haut, p. 82, note 3.

voyer aux autres lois ou règlements qui ont trait à l'alignement des constructions bordant la voie publique (1), et encore aux lois sur le dessèchement des marais, sur le monopole de la culture des tabacs au profit de l'État, sur les autorisations à obtenir, et les conditions requises, pour les établissements dangereux, insalubres ou incommodes.

De l'expropriation pour utilité publique.

Art. 545. — « Nul ne peut être contraint de céder sa propriété, « si ce n'est pour cause d'utilité publique, et moyennant une juste « et préalable indemnité. »

Notions générales. — Cet article reproduit un principe déjà proclamé antérieurement dans plusieurs de nos Constitutions, à partir de celle de 1791 (2).

L'expropriation pour cause d'utilité publique ne s'applique guère qu'à la propriété foncière; ce n'est que très-exceptionnellement, par exemple en temps de guerre, que des objets mobiliers sont l'objet de réquisitions forcées (3).

Cette matière est aujourd'hui réglée dans de grands détails par la loi du 3 mai 1841, modifiée, quant au pou-

(1) Édit. de 1607; Arrêt du conseil du 27 février 1765, maintenus par la loi des 19-22 juillet 1791, tit. I, art. 29.

(2) Const. du 3 sept. 1791, *Déclaration des droits*, art. 17. On remarquera que cet article 17 n'admet l'expropriation que dans le cas de *nécessité publique*, ce qui semble très-restrictif. Le même mot *nécessité* se retrouve dans les Constitutions du 24 juin 1793, *Déclar. des droits*, art. 19, et du 5 fruct. an III, art. 358. La Charte de 1814, art. 10, et celle de 1830, art. 9, parlent d'*intérêt public*. Enfin la Constitution du 4 novembre 1848 emploie, comme l'art. 545 du Code, le mot *utilité*. Presque tous ces textes veulent que l'indemnité soit *préalable*.

(3) Lors de la discussion du projet de Constitution à l'Assemblée nationale de 1848, il a été reconnu que le principe embrassait toutes les propriétés, immobilières ou autres, par exemple celle des offices.

voir de déclarer l'*utilité publique*, par le sénatus-consulte du 25 décembre 1852, et par la loi du 27 juillet 1870, dite : *Loi concernant les grands travaux publics.*

Déclaration d'utilité publique. — Une loi ou un décret, selon les cas, décide qu'il y a lieu à l'exécution des travaux devant entraîner l'expropriation.

I. — Les grands travaux publics, qui ne sont pas à la charge des départements ou des communes, doivent être, en principe, autorisés par une loi rendue après une enquête administrative (Loi du 27 juillet 1870, art. 1er) (1).

Cependant un simple décret, rendu en forme des règlements d'administration publique, et également précédé d'une enquête, peut autoriser l'exécution de certains travaux d'une importance secondaire (même art. 1er) (2).

(1) « Tous grands travaux publics, routes impériales, canaux, « chemins de fer, canalisation des rivières, bassins et docks, entre-« pris par l'État, ou par des compagnies particulières, avec ou sans « péage, avec ou sans subside du Trésor, avec ou sans aliénation du « domaine public, ne pourront être autorisés que par une loi rendue « après une enquête administrative. » C'est ici un retour au principe établi par la loi du 3 mai 1841, art. 3, et abrogé ensuite par le sénatus-consulte du 25 décembre 1852, portant (art. 4) que tous les travaux d'utilité publique... seraient « ordonnés ou autorisés par décrets de l'em-« pereur, rendus dans les formes prescrites pour les règlements d'ad-« ministration publique, » sauf la ratification par une loi, avant la mise à exécution, s'il y avait lieu à des engagements ou à des subsides du Trésor.

(2) Un décret, dit l'article, « pourra autoriser l'exécution des ca-« naux et chemins de fer d'embranchement de moins de vingt kilo-« mètres de longueur, des lacunes et rectifications de routes impé-« riales, des ponts et de tous autres travaux de moindre importance. » Ceci ne fait que reproduire la rédaction de l'art. 3, § 2, de la loi du 3 mai 1841, sauf l'addition relative aux *lacunes et rectifications des routes.*

II. — La loi de 1870 ne fait aucune innovation en ce qui concerne l'autorisation, et la déclaration d'utilité publique, des travaux qui sont à la charge des départements et des communes (art. 2) (1); et dès lors, à cet égard, l'art. 4 du sénatus-consulte de 1852 reste en vigueur. Ce sont bien les départements et les communes qui règlent les projets et les devis des travaux à exécuter avec les fonds départementaux ou municipaux, mais, dit l'*exposé des motifs* de la loi, si ces travaux ne peuvent s'exécuter qu'*au moyen de l'expropriation*, le département et la commune sont obligés de recourir à l'autorité supérieure pour les faire déclarer d'*utilité publique*. Et, d'après le même *exposé des motifs*, cette *autorité supérieure*, qui dispose de la déclaration d'utilité publique, n'est autre que *le pouvoir exécutif;* de sorte que « ce n'est à vrai dire « qu'*accessoirement* et comme conséquence nécessaire « d'autres prérogatives que le pouvoir législatif en dispose « également; » ceci fait sans doute allusion à la nécessité d'un vote législatif pour créer les voies et moyens, dans la loi même ou dans un chapitre du budget (V. art. 1er, 3me alin.). On voit donc ici reparaître l'esprit du sénatus-consulte de 1852; mais, dans cet ordre d'idées, nous trouvons difficile d'expliquer pourquoi l'art. 1er exige toujours une loi quand il s'agit des *grands travaux* concernant l'État, même lorsqu'ils ne doivent emporter ni *subside du trésor*, ni *aliénation du domaine public*.

(1) Art. 2. — « Il n'est rien innové, quant à présent, en ce qui « touche l'autorisation et la déclaration d'utilité publique des travaux « à la charge des départements et des communes. » C'est en vertu de cette réserve que la déclaration d'utilité publique des chemins de fer d'intérêt local a continué à être faite depuis 1870 par des décrets rendus sur l'avis du Conseil d'Etat. (L. 12 juillet 1865, art. 2.)

III. — Dans tous les cas dont nous nous sommes occupés, et où il s'agit de travaux publics concernant l'État, les départements ou les communes, des compagnies particulières peuvent se charger de l'entreprise, avec ou sans subside du Trésor (Lois du 3 mai 1841, art. 3, et du 3 août 1870, art. 1). Dans ce cas, les concessionnaires des travaux publics exercent tous les droits de l'administration, et sont soumis aux mêmes charges (Loi du 3 mai 1841, art. 63).

IV. — Par une extension remarquable, l'expropriation peut encore avoir lieu sur la demande de certaines associations dites *syndicales*, spécialement *autorisées* par l'administration, entre des propriétaires intéressés à l'exécution et à l'entretien de travaux d'endiguement, d'assainissement, d'irrigation, de drainage, etc. (*Loi sur les associations syndicales*, du 21 juin 1865); en ce cas, l'utilité publique est déclarée « par décret rendu au Conseil d'État » (*ibid.*, art. 18) (1). Cet avantage n'est pas conféré aux *associations syndicales libres* dont la loi du 21 juin s'occupe dans son Titre II (art. 5 à 8).

Forme de l'expropriation. — Fixation des indemnités. — I. — A défaut de conventions amiables entre l'expro-

(1) Même décision dans la loi spéciale *sur le drainage*, du 10 juin 1854 (art. 3 et 4). — Décret rendu » au Conseil d'État », ou « en Con« seil d'État, » ou dans la forme du règlement d'administration publique, » sont des formules synonymes. Très-exceptionnellement, d'après la loi du 21 mai 1836, c'était le préfet qui autorisait les travaux d'ouverture et de redressement des chemins vicinaux, donnant lieu à l'expropriation. Aujourd'hui ce pouvoir a passé au *Conseil général* ou à la *Commission départementale*, suivant les distinctions faites par les art. 44 et 86 de la loi du 10 août 1871 *sur les Conseils généraux.* Mais, en tout cas, s'il s'agit de *terrains bâtis*, un décret est nécessaire pour l'expropriation (Loi du 8 juin 1864, art. 2).

priant et les propriétaires des terrains ou des bâtiments dont la cession doit avoir lieu, le tribunal civil de l'arrondissement, sur le vu des pièces attestant que les formalités légales ont été remplies, prononce l'expropriation (Loi du 3 mai 1841, art. 13 et 41). Mais ce n'est pas lui qui fixe le montant des indemnités dues aux propriétaires, fermiers, locataires ou autres intéressés, quand les parties n'ont pu s'entendre à cet égard (Comp. les art. 23 à 28). Dès 1833, par une loi du 7 juillet, remplacée par la loi actuelle du 3 mai 1841, on a inauguré le système d'un jury spécial pour le règlement des indemnités (1).

II. — L'indemnité allouée par le jury ne peut être inférieure aux offres de l'administration, ni supérieure à la demande de la partie intéressée, propriétaire, fermier, locataire, etc. (*ibid.*, art. 39 *in fine*) (2). En général, il faut bien le reconnaître, les expropriés n'ont pas à se plaindre des décisions du jury; et souvent même ils ont pu paraître favorisés outre mesure, surtout là où l'expro-

(1) Ce jury est tiré d'une première liste formée par le Conseil général, sur laquelle la Cour d'appel ou le tribunal du chef-lieu judiciaire du département fait son choix (Loi du 3 mai 1841, art. 29 et 30).

En principe, il se compose de douze membres, pouvant délibérer valablement au nombre de neuf au moins. Près de lui la loi place un uge (*magistrat directeur du jury*) assisté du greffier ou commis-greffier du tribunal (chap. 2, art. 29 et suiv.). Quand il s'agit de construction ou de redressement de chemins vicinaux, ou de travaux exécutés par des associations syndicales autorisées, le jury spécial n'est plus que de quatre membres, *présidés* alors par un juge du tribunal civil, ou par le juge de paix du canton, le magistrat ayant voix délibérative en cas de partage (Lois du 21 mai 1836, art. 16, du 8 juin 1864, art. 2, et du 21 juin 1865, art. 14 et 18).

(2) Dans le cas où l'immeuble exproprié est grevé d'usufruit, une seule indemnité est fixée pour le nu-propriétaire et pour l'usufruitier, eu égard à la valeur du bien; puis les deux parties exercent leurs droits respectifs sur le montant de l'indemnité (même art. 39).

priation, comme à Paris, avait pris un développement presque sans limites.

III. — En principe, comme le dit notre art. 545, l'indemnité due à celui qui est contraint de céder sa propriété (1) doit être non-seulement *juste* mais *préalable*, c'est-à-dire payée ou, si on la refuse, consignée, avant l'entrée en possession de l'expropriant. Le mot *préalable* figure également pour qualifier l'indemnité dans presque toutes nos Constitutions, antérieures ou postérieures au Code civil (2); et, à cet égard, la règle est développée dans la loi du 3 mai 1841 (3). Elle est modifiée, dans l'intérêt de la défense publique, par la loi du 30 mars 1831, « relative à l'expropriation et à l'occupation temporaire, « en cas d'urgence, des propriétés privées nécessaires aux « fortifications » (4).

Dans d'autres cas encore, on s'est écarté du principe

(1) Ou d'abandonner tout autre droit, tel que celui du fermier, du locataire, du voisin qui a une servitude sur le fonds exproprié, etc.

(2) Ainsi, dans les Constitutions de 1791, de 1793 et de 1848, et dans les deux Chartes de 1814 et de 1830.

(3) Art. 53. — « Les indemnités réglées par le jury seront, *préala-« blement à la prise de possession*, acquittées entre les mains des ayants-« droit. — S'ils se refusent à les recevoir, la prise de possession aura « lieu après offres réelles et consignation, etc. » V. aussi art. 54 et 55.

(4) Le principe de cette loi est maintenu par l'art. 76 de celle du 3 mai 1841. Lorsqu'il s'agit d'expropriation de cette nature, l'indemnité *de déménagement*, fixée par le tribunal civil, doit seule être payée aux propriétaires ou aux locataires *avant l'occupation*. Mais quant à la *dépossession* proprement dite, le tribunal ne fixe qu'une *indemnité provisionnelle*, qui doit être seulement consignée avant l'occupation, sauf règlement *ultérieur et définitif*. L'art. 76 (cité plus haut) de la loi de 1841 renvoie au jury spécial le règlement définitif des indemnités. — V. aussi, quant à la prise de possession des *terrains non bâtis*, en cas d'urgence pour les travaux civils, la même loi, art. 65 à 74.

que l'indemnité doit être *préalable* en matière d'expropriation.

Ainsi, d'après la loi de 1836, art. 15, « les arrêtés du « préfet (1) portant *reconnaissance et fixation* de la lar-« geur d'un chemin vicinal *attribuent définitivement au « chemin* le sol compris dans les limites qu'ils déterminent. « — Le droit des propriétaires riverains se résout en « une indemnité. » (2). Quand la loi parle d'un chemin, non pas seulement *élargi*, mais déclaré ou *reconnu* par l'autorité administrative, avec attribution du sol dans les limites déterminées, elle suppose que le chemin *existait en fait*, à l'usage du public, sur des terrains appartenant à des particuliers (3).

Une circulaire ministérielle (4), relative à l'exécution de la loi du 21 mai 1836, explique que le chemin ouvert en fait sur le terrain d'un particulier, étant déclaré *vicinal* par le préfet, devient tel immédiatement, et que le public se trouve en avoir la *jouissance légale*, laquelle devra être protégée contre les usurpations, les troubles, etc. Même

(1) Aujourd'hui ce sont les délibérations ou décisions, soit du Conseil général pour les chemins de grande communication et d'intérêt commun, soit de la Commission départementale, sur l'avis des conseils municipaux, pour les chemins vicinaux ordinaires (Loi du 10 août 1871, art. 44 et 86). Remarquez que s'il s'agit de *terrains bâtis*, un décret d'expropriation est exigé (L. du 8 juin 1864, art. 2).

(2) Comp. le cas de la délimitation nouvelle d'un cours d'eau navigable ou flottable. V. ci-dessus, p. 78, note 1.

(3) V. la *Collection des lois*, etc., de Duvergier, 1836, p. 121. Cette indemnité, à défaut d'arrangement amiable, est réglée par le juge de paix, sur un rapport d'experts (même art. 15), excepté dans le cas où l'*élargissement* immédiat du chemin atteindrait des constructions; il faut alors recourir au petit jury, établi par l'art. 16 en matière d'*ouverture* ou de *redressement* des chemins vicinaux (V. art. 2 précité de la loi du 8 juin 1864).

(4) Elle est du 24 juin 1836.

résultat produit par l'élargissement, lorsqu'il y a lieu, aux dépens des propriétés riveraines. La circulaire précitée allègue que « le principe de l'indemnité préalable, quoique « posé dans la loi fondamentale d'alors (la Charte de 1830, « art. 9), était trop nuisible pour qu'il ne fût pas modifié (1). »

En matière d'*alignement* ordinaire, donné pour les constructions le long des routes ou des rues, l'expropriation immédiate n'a pas lieu contre le propriétaire ; mais, s'il construit, il ne doit pas dépasser la ligne, séparative de la voie publique et de son terrain. Si la construction existait déjà, dépassant l'alignement, le propriétaire ne peut plus y faire de travaux confortatifs, et, par suite, il devra tôt ou tard la démolir pour cause de vétusté et abandonner le terrain compris dans la nouvelle ligne. Il y a donc alors extension actuelle et forcée du domaine public aux dépens du riverain, et ici encore, on le voit, sans que l'indemnité ait été *préalable* (2). Elle sera réglée ultérieurement dans les formes prescrites par la loi du 3 mai 1841, et par le jury spécial ordinaire.

(1) C'est dire non plus *salus populi*, mais *utilitas populi suprema lex esto.*

(2) Il peut aussi arriver que l'expropiration soit exercée auparavant, pour faire démolir sans retard des bâtiments encore en bon état, ainsi qu'on l'a pratiqué à Paris sur une si large échelle, dans les temps qui ont précédé la guerre de 1870. Alors on rentre dans la règle, l'indemnité doit précéder la dépossession.

De l'accession en général.

Art. 546. — « La propriété d'une chose, soit mobilière, soit immobilière, donne droit sur tout ce qu'elle produit, et sur ce qui s'y unit accessoirement, soit naturellement, soit artificiellement.

« Ce droit s'appelle *droit d'accession.* »

I. — L'*accession* figure au début du livre III du Code civil, dans l'art. 712, parmi les manières d'*acquérir la propriété* (1); et l'article ajoute à ce mot, comme synonyme, celui d'*incorporation;* c'est en ce sens que l'accession est prise à la fin de l'art. 546, et fait l'objet du chapitre 2 de ce Titre (art. 551 à 577).

On peut s'étonner de l'emploi du même mot dans l'art. 546, pour exprimer le droit du propriétaire sur *ce que produit* matériellement la chose, par exemple, les moissons d'un champ, les vendanges d'une vigne, le croît d'un troupeau, etc. Cela paraît très-inutile à dire, puisque ces fruits, ou produits périodiques, ne sont que des *portions de la chose*, et appartiennent déjà au propriétaire, avant de se détacher de la chose ou d'en être détachés. Ainsi les fleurs, puis les fruits d'un arbre, n'en sont que l'extension ou le développement naturel, auquel concourent souvent, dans une mesure plus ou moins grande, l'industrie et les soins de l'homme (2); d'où la distinction, que fait l'art. 547, des fruits de la terre en *naturels* (purement naturels) et *industriels*.

De même certains revenus qualifiés *fruits,* qui n'ont

(1) Et de même dans les trois projets de Cambacérès.

(2) Le petit d'un animal appartient aussi en principe, même avant de naître, au propriétaire de la mère. Il est, comme disaient les Romains, *pars viscerum matris*.

point un caractère de reproduction périodique, sont fournis par les minières, les tourbières, les carrières, etc., ouvertes dans un fonds (V. art. 598). Ces revenus consistent uniquement en une certaine quantité de minerai, de tourbes, de pierres, etc., tirée du sol, et qui ne s'y retrouvera plus.

On peut, néanmoins, s'expliquer la pensée de la loi en supposant que la production des fruits *industriels*, d'une nature ou d'une autre, est due aux dépenses et aux travaux d'un possesseur étranger. Il aurait pu sembler juste que tout possesseur, par cela seul qu'il avait travaillé à la production, n'étant d'ailleurs ni usufruitier, ni usager, etc., gagnât les fruits, ou y prît part dans la limite qui serait déterminée. Or, c'est là ce que la loi rejette en principe (1).

La règle peut s'appliquer aussi parfois à ce qu'on appelle *fruits civils* (Comp. art. 547, 582, 584, 586) : comme si, par exemple, le simple possesseur, non usufruitier, avait loué la maison ou la ferme qu'il possédait; alors la créance des loyers ou fermages appartiendrait au propriétaire, attendu qu'ils sont dus comme représentant *la jouissance de sa chose* (2).

(1) Le premier projet de Cambacérès s'exprime clairement là-dessus, en disant à propos des *fruits* (Tit. III, art. 5) : « Le propriétaire « les acquiert de plein droit, *quand même il n'aurait ni planté, ni semé,* « *ni cultivé;* mais, dans ce cas, il doit le remboursement des frais de « plantation, de semences et de culture » (Comp. notre art. 548). Nous allons voir le Code modifier cette doctrine quand le possesseur est *de onne foi* (art. 549 et 550).

(2) Ceci a trait surtout aux loyers ou fermages arriérés ; car, pour ceux qui regardent la jouissance *future*, on peut soutenir que le propriétaire a le droit de répudier le bail (non consenti par lui). Et s'il consent à ce que le preneur reste en jouissance, n'y a-t-il pas, en réalité, un nouveau bail ? Tout cela se rattache à la théorie générale,

II. — L'accession proprement dite ou *incorporation* se comprend généralement assez bien (comme nous le verrons plus loin), quand il s'agit des *choses immobilières* (art. 552 à 564), sauf dans certains cas, où l'on ne voit guère comment les règles établies peuvent avoir trait à un principe d'*accession par incorporation* (V. art. 552, 562, 563).

Relativement aux *choses mobilières*, les dispositions du Code (art. 565 à 577), outre qu'elles sont compliquées, et parfois obscures, ont le tort de pousser très-loin, sans motif sérieux, les effets de l'*accession*. Puis, comment trouver un droit de cette nature, ayant « pour objet DEUX CHOSES MOBILIÈRES *appartenant à deux maîtres* « *différents* (art. 565), » dans le cas prévu dans les articles 570 et 571, où l'on suppose qu'un artisan ou une autre personne « a employé *une matière qui ne lui appar-* « *tenait pas*, à former une chose d'une nouvelle espèce? »

Après ces généralités, voyons d'abord ce qui est relatif aux droits du propriétaire sur les produits de sa chose.

que nous ne pouvons traiter ici, de l'effet des actes passés par le *propriétaire apparent* (Comp. art. 132, 1240, 1599 et 2182).

CHAPITRE PREMIER

DU DROIT D'ACCESSION SUR CE QUI EST PRODUIT PAR LA CHOSE

Art. 547. — « Les fruits naturels ou industriels de la terre,

« Les fruits civils,

« Le croît des animaux, appartiennent au propriétaire par droit d'accession. »

I. — Nous avons donné ci-dessus quelques notions générales sur les fruits ou produits périodiques, provenant de la chose, ou perçus à son occasion.

Remarquons ici que le législateur prend la peine de ranger textuellement *le croît des animaux* (1) parmi les fruits *naturels*. Quelle conséquence juridique peut avoir cette décision? Et d'ailleurs est-ce que l'entretien des troupeaux, des volailles, des abeilles, etc., ne comporte pas des soins journaliers, au moins aussi nécessaires à la production des revenus, que lorsqu'il s'agit d'un verger ou d'une vigne?

Il est remarquable aussi que l'article ne fasse aucune mention des revenus provenant d'une exploitation industrielle, comme est celle d'un moulin, d'une forge, d'une papeterie, etc., où les matières premières, sous l'action de forces physiques dirigées par l'homme, sont transformées et appropriées à nos besoins. Nous avons vu pourtant, ci-dessus, l'art. 524 déclarer immeubles par destination

(1) On en tire encore d'autres produits, comme la laine, le lait, le fumier, le miel, etc. (Comp. art. 1778, 1811, 1819, etc.).

« les ustensiles nécessaires à l'exploitation des forges, « papeteries et autres usines. » Peut-être a-t-on regardé tout développement sur ce sujet comme appartenant de plus près au droit commercial (1).

Art. 548 « Les fruits produits par la chose n'appartiennent au propriétaire qu'à la charge de rembourser les frais de labours, travaux et semences fait par des tiers. »

I. — Notre article s'applique même au cas où le possesseur était de mauvaise foi; cela est conforme au principe fondamental que *nul ne doit s'enrichir aux dépens d'autrui* (2).

II. — Le tiers a droit à ses déboursés en qualité de créancier, lors même qu'il n'est pas en possession de la récolte, l'ayant déjà restituée, avec le fonds ou séparément. Mais s'il l'a entre ses mains, il peut, à notre avis, la retenir jusqu'au paiement de ce qui lui est dû; il y a, dans ce cas, deux obligations corrélatives, dont chacune a droit à une exécution immédiate; c'est ainsi qu'un acheteur ne peut exiger la délivrance de la chose vendue, s'il n'en paie le prix, à moins que le vendeur ne lui ait accordé un délai pour le paiement (art. 1612) (3). Et, selon nous encore, le droit de rétention accordé au tiers, pour la garantie de ses recouvrements, s'applique *au fonds lui-même*, dont il est resté détenteur (4). Si maintenant on

(1) V. au Code de commerce, les trois premiers alin. de l'art. 632.

(2) Nous retrouverons cette règle appliquée au cas où des plantations, constructions ou autres ouvrages, ont été faits sur le terrain d'autrui par un tiers et avec ses matériaux (art. 555).

(3) *Emptor venire debet cum sacco.* Aj., art. 1613; Comp. art. 867, 1673, 1749 et 1948.

(4) C'est ce que décide la loi 38, Dig., *de rei vind.* (VI. 1), dans un

suppose que le tiers a consommé les fruits récoltés, ou en a disposé autrement, pas de difficulté; le montant de ses frais, labours, etc., viendra en déduction du prix de la récolte qu'il s'est appropriée, et dont il est comptable envers le propriétaire (Comp. C. de proc. civ., art. 129 et 526).

Dans le cas où, pour une cause quelconque, la rétention n'a pas eu lieu, si la récolte vient à être saisie et vendue sur le propriétaire, la créance du tiers pour ses labours, travaux et semences, est garantie par un privilége sur le prix de la vente (V. art. 2102, 1°, alin. 4).

Le possesseur de bonne foi, dont s'occupent les articles suivants (549 et 550), *fait* sans doute *les fruits siens*, en ce sens qu'*il n'est pas tenu de rendre* ceux qu'il a perçus. Mais si la récolte est encore sur pied lors de la revendication, le possesseur, qui n'a pu encore *la faire sienne*, trouvera pour ses déboursés une ressource utile dans l'art. 548 (1).

cas où, le possesseur de bonne foi ayant ensemencé le fonds, la récolte est encore sur pied : « In fundo alieno, quem imprudens emeras, ædi« ficasti, *aut conseruisti*, deinde evincitur..... finge et dominum eadem « facturum fuisse : *reddat impensam ut fundum recipiat.* » V. cependant MM. Aubry et Rau, 4e édit., t. III, § 256 *bis*, p. 117, et note 13 *ibid.*

(1) V. la note précédente.

DU CAS OU LE POSSESSEUR EST DE BONNE FOI

ART. 549. — « Le simple possesseur ne fait les fruits siens que dans le cas où il possède de bonne foi : dans le cas contraire, il est tenu de rendre les produits avec la chose au propriétaire qui la revendique. »

ART. 550. — « Le possesseur est de bonne foi quand il possède comme propriétaire, en vertu d'un titre translatif de propriété dont il ignore les vices.

« Il cesse d'être de bonne foi du moment où ces vices lui sont connus. »

Origines et motifs de la règle.

I. — La règle de l'acquisition des fruits par le possesseur de bonne foi nous vient du droit romain, où elle a subi quelques vicissitudes dans son application. La pensée fondamentale de cette matière est de venir au secours d'un possesseur digne d'intérêt, pour lequel il serait trop dur de restituer les fruits qu'il a perçus, quoique d'après la notion stricte du droit de propriété il dût y être tenu, sauf à obtenir une indemnité pour ses dépenses (V. art. 547 et 548). On peut ajouter qu'il y a là une sorte de rémunération des soins donnés à la chose par le possesseur, qui l'a soignée, entretenue, et rendue productive. Ce dernier motif est surtout mis en relief dans le texte des *Institutes*, où il est parlé de cet avantage attribué à la bonne foi (1). Et, à ce point de vue, on comprend que

(1) *Si quis a non domino, quem dominum esse crediderit, bona fide fundum emerit, vel ex donatione vel alia justa causa æque bona fide acceperit, naturali ratione placuit fructus quos percepit ejus esse* PRO CULTURA ET CURA. — (Inst., *De divis. rer.*, lib. II, tit. I, § 35.)

d'anciens jurisconsultes aient limité un pareil droit aux fruits dits *industriels*, ou obtenus par le travail de l'homme (Comp. art. 583) (1). Mais cette distinction a été généralement abandonnée, comme le prouvent des textes nombreux (2). Elle n'existait pas non plus dans notre ancienne jurisprudence. Enfin l'art. 549 qui parle des fruits en général (art. 138 et 1378), sans rechercher quelle en est l'origine, comprend ainsi même les revenus des prairies naturelles et des forêts, quoique ces sortes de biens ne donnent pas lieu à une culture proprement dite. Nous insisterons bientôt sur la portée exacte de la dénomination de *fruits*.

Il ne s'agit donc pas seulement de récompenser des travaux productifs. On a sans doute considéré que beaucoup de possesseurs vivent largement sur les revenus qu'ils croient tirer de leur bien, et les consomment en entier, ou pour une portion considérable. Les soumettre à restituer les fruits, presque toujours absorbés depuis un temps plus ou moins long, serait les atteindre durement dans leur fortune et peut-être les ruiner, pour constituer au profit du propriétaire qui a vécu dans l'ignorance de ses droits un capital auquel il ne s'attendait nullement.

II. — En cherchant à éviter au possesseur les dangers d'une restitution inopinée et ruineuse, on peut être tenté

(1) Si (vir vel uxor ex re donatâ) pomum decerpserit, vel ex sylvâ cædit, non fit ejus; *sicuti nec cujuslibet bonæ fidei possessoris : quia non ex facto ejus is fructus nascitur*. Pomp., Loi 45, Dig., *De usur et fruct.* (XXII, 1).

(2) V. L. 48, Dig., *De acquir. rer. dom.* (XLI, 1), le texte de Paul qui fait acquérir au possesseur de bonne foi « non tantum eos » (fructus), qui diligentia et opera ejus pervenerunt, *sed omnes ;* et L. 25 § 1. Dig., *De usur. et fruct.*, celui où Julien assimile quant aux fruits le droit du possesseur de bonne foi à celui du propriétaire.

de faire une distinction entre les fruits déjà consommés et ceux qui existent encore en nature (comme du blé dans un grenier), ces derniers seuls devant être restitués. On concevrait encore dans le même ordre d'idées, que le possesseur rendît, outre les fruits non consommés, ceux dont il aurait tiré une augmentation de capital, parce qu'il en aurait placé la valeur ou l'aurait employée à payer ses dettes.

La première de ces distinctions est admise dans les *Institutes*, à la suite du texte cité plus haut (1). Des décisions analogues se rencontrent dans le *Digeste*, mais avec des traces évidentes d'interpolation (2). Le principe a dû s'établir peu à peu dans la pratique tel qu'il est formulé aux *Institutes*, et dans une constitution des empereurs Dioclétien et Maximien, laquelle ne semble pas avoir été corrigée (3). Quant aux textes demeurés intacts des jurisconsultes de l'époque classique, ils ne font aucunement cette distinction entre les fruits existants et ceux qui ont été consommés (4). Elle a disparu dans notre ancienne jurispru-

(1) Et ideo si postea dominus supervenerit, et fundum vindicet, *de fructibus ab eo consumptis agere non potest*. Ei vero qui alienum fundum sciens possederit, non idem concessum est : itaque cum fundo etiam fructus, *licet consumpti sint*, cogitur restituere. » V. aussi *ibid.*, *De offic. jud.* (IV, 17, § 2).

(2) V. par ex. la loi 4 § 2, Dig., *fin. regund.* (X, 1), où évidemment les mots *si eos consumpsit* ont été ajoutés; sans cela le texte serait muet sur le cas où les fruits perçus de bonne foi *avant l'instance* n'ont pas été consommés. V. aussi la loi 4, § 19, D., *De usurp. et usuc*, où se trouve l'étrange petite fin de phrase : *si consumpti sint*, appliquée aux *agneaux* seulement. M. Pellat a mis tout cela en lumière sur la loi 48 *De rei vind.*, p. 306 et suiv.

(3) « Certum est, malæ fidei possessores omnes fructus solere cum ipsa re præstare; bonæ fidei vero extantes, post autem litis contestationem, universos. » L. 22, C., *De rei vind.* (III, 32).

(4) V. L. 25, § 1. Dig., *De usur. et fruct.* (XXII, 1), et L. 48, pr. et s. 1 Dig., *De acq. rer. dom.*; dans le premier de ce texte, les mots *interim* et *pene* semblent bien être interpolés.

dence, à cause des difficultés qu'il y aurait, dans bien des cas, à distinguer si les fruits consommés provenaient du fonds possédé de bonne foi, et non d'un autre fonds dont le possesseur serait le propriétaire, usufruitier ou fermier (1). Enfin nous ne trouvons rien de semblable dans le Code.

L'autre manière d'opérer irait encore plus loin et ferait rendre au possesseur, avec les fruits existants, toute la valeur de ceux dont il se serait enrichi, au lieu de les absorber dans ses dépenses courantes (*si locupletior factus est*). C'est ce qu'on admettait en droit romain à propos d'une possession d'hérédité; l'héritier apparent de bonne foi, devait rendre les fruits comme le capital lui-même, lorsqu'il s'en était enrichi (2). Mais cela tenait à la nature particulière de l'objet possédé; les fruits se confondaient ici avec le fonds lui-même ou capital héréditaire, la succession étant regardée comme une masse ou ensemble qui s'augmente des fruits qu'elle produit (3). Nous ne voyons pas que la maxime *fructus augent hæreditatem* ait été admise dans l'ancien droit français; et aujourd'hui elle est clairement écartée par l'art. 138 du Code, lorsque, à raison de l'absence présumée ou déclarée d'un héritier, la succession a été recueillie par d'autres, contre lesquels plus tard l'absent ou ceux qui le représentent viennent exercer leurs droits (Comp. art. 136 et 137) (4).

(1) V. Pothier, *Traité du domaine de propriété*, n° 341.

(2) La loi 25 § 6, D., *De hered. pet.* (V. 3), donne ce texte d'un sénatus-consulte, relatif à la pétition ou revendication d'une hérédité : « Eos tamen, qui justas causas habuissent, quare bona ad se pertinere existimassent, usque eo duntaxat (condemnandos) *quo locupletiores ex eare facti essent ;* » ce qui est développé dans les §§ 11 à 16, *ibid.*

(3) *Fructus autem omnes augent hæreditatem*, sive ante aditam, sive post aditam hereditatem accesserint ; L. 20 § 3, *ibid.*

(4) En effet, l'art. 138 dit d'une manière générale : « Tant que

Ce qu'on entend précisément par fruits.

I. — Les fruits de toute espèce, naturels, industriels ou civils, que la loi énumère à propos de l'usufruit (art. 583 et 584) sont tous des revenus, provenant de la chose, corporelle ou incorporelle, dont il s'agit. A quoi il faut joindre d'autres revenus périodiques analogues à ceux qu'indiquent ces articles (1); ainsi le loyer d'un navire, le revenu d'une action industrielle, etc. Mais certains produits ou valeurs tirés de la chose ne sont pas classés parmi les fruits proprement dits, et n'appartiendraient pas à l'usufruitier lui-même.

Ainsi les hautes futaies, non mises en coupes réglées par les propriétaires, ne sont point rangées parmi les *fruits* et forment une sorte de capital tenu en réserve (2). Si donc le possesseur a exploité ces futaies, il doit compte de la valeur des coupes, exactement comme s'il avait vendu les matériaux d'une maison démolie (Comp. art. 591 et 592). De même, le possesseur de bonne foi n'acquiert pas le produit des carrières, tourbières ou minières, lorsque l'exploitation n'en avait pas été commencée par les propriétaires eux-mêmes; ce sont là encore des capitaux que l'on tient en réserve et dont ne jouit pas un usufruitier (V. art. 598). Le mot *produits*, employé à la fin de l'article 549, a un sens déterminé par le mot *fruits*, qui

« l'absent ne se représentera pas, ou que les actions (en pétition d'hé-
« rédité, etc)... ne seront point exercées de son chef, ceux qui auront
« recueilli la succession *gagneront les fruits par eux perçus de bonne*
« *foi.* »

(1) Loyers des maisons, intérêts et arrérages, prix des baux à ferme.

(2) Comp. ci-dessus, p. 15, n° V.

est dans la première phrase et dans les deux articles précédents. Le possesseur de bonne foi ne peut avoir, quant au droit de *faire les fruits siens*, un avantage supérieur à celui de l'usufruitier; car ce dernier, en vertu de son titre même, a droit à *toute espèce de fruits que peut produire l'objet dont il a l'usufruit* (art. 582) (1).

Si les coupes de bois, pierres des carrières, etc., qui n'ont pas le caractère de *fruits*, ont été vendues par le possesseur, et que l'acheteur lui serve les intérêts du prix, le possesseur bénéficiera de ses intérêts, comme de tous les autres fruits civils; et il rendra seulement la créance, qui est substituée aux matériaux vendus, et forme un véritable capital (2).

Des caractères de la possession requise.

I. — L'art. 550 explique ce qu'il faut entendre par *possesseur de bonne foi*, en disant qu'il possède (ou détient) la chose *comme propriétaire* (c'est-à-dire agissant comme tel) (V. art. 2229) (3), *en vertu d'un titre translatif de*

(1) La supériorité qui est reconnue au possesseur de bonne foi sur l'usufruitier par la loi 25 § 1, *à la fin*, D., *De usur. et fruct.* (XXII, 1), n'a trait qu'à l'appréhension matérielle des fruits, et se lie à des idées subtiles sur la *possession*.

(2) Nous examinerons plus loin si le possesseur de bonne foi acquiert les intérêts des capitaux, arrérages, loyers, etc., jour par jour (Comp. art. 586), ou bien s'il ne garde que ce qu'il a réellement touché.

(3) Comp. sur la possession de l'*état* soit d'époux, soit d'enfant légitime ou naturel, le tome Ier de notre *Cours de Code civil*, p. 288 à 294, 404, 405, 450 et 451. — Quant aux *choses* ou *biens*, dont nous nous occupons maintenant, il faut noter ici que la possession peut s'appliquer à un simple démembrement de la propriété, tel qu'un usufruit, une servitude, etc. (V. art. 690 et 2228), même aussi à une créance (Comp. art. 1240). Dans toutes ces variétés de possession, les art. 549 et 550 pourront être applicables.

propriété dont il ignore les vices. Ces expressions : *en vertu d'un titre translatif de propriété*, etc., donnent lieu à quelques difficultés; il faut tâcher d'en déterminer le sens.

Le mot *titre* signifie quelquefois un écrit servant à établir l'existence d'un droit ou d'une libération (V. art. 1317 et suiv.). D'autres fois on entend par *titre* la cause originaire du droit ou avantage qu'on réclame : ainsi, on appellera *titre* une vente, un échange, un prêt, et beaucoup d'autres conventions qui peuvent se faire sans écrit (Comp. art. 1704). De même encore on peut se prévaloir d'un droit à *titre* d'héritier *ab intestat*, l'hérédité légitime étant déférée par la loi, sans qu'il y ait à cet égard d'acte écrit (V. art. 778). Dans ces divers cas, celui qui invoque sa possession de bonne foi a cru avoir acquis la propriété comme acheteur, coéchangiste, héritier, etc., tandis que réellement il ne l'avait pas acquise. Ainsi encore, au cas prévu par l'art. 138, des personnes non héritières, qui croyaient l'être à raison de la disparition d'un héritier qui les primait et dont on n'avait pas de nouvelles, pourront, comme possesseurs de bonne foi, gagner les fruits de l'hérédité.

Pourquoi alors, demandera-t-on, parler ici d'un *titre translatif de propriété*, puisque en réalité il n'y a pas eu de propriété transférée, mais seulement une apparence de translation ? N'aurait-il pas suffi de dire que le possesseur doit être *de bonne foi*, laissant au juge le soin d'apprécier si la bonne foi existe ou non, comme cela a lieu dans d'autres circonstances où il ne s'agit pas de l'acquisition des fruits (V. les art. 1268, 1379 et 1380)?

La pensée du législateur semble être ici que la bonne foi du possesseur doit reposer sur un fait, ou un ensemble de faits, pouvant déterminer une personne raisonnable à croire qu'elle est devenue propriétaire. Par exemple, il y a eu vente, échange, ou donation d'un bien dont le prétendu aliénateur n'avait pas la propriété; et tels sont les exemples cités le plus ordinairement. On regardera aussi comme *titre* de la même nature un legs fait par le propriétaire, et révoqué ensuite dans un acte encore inconnu quand le légataire a été mis en possession; et de même une vente, donation, etc., supposée par quelque faussaire. Dans cet ordre d'idées, le mot *titre* a le sens le plus large, en ce qu'il s'applique à tout fait bien constaté (très-souvent par écrit), qui explique la bonne foi du possesseur, et il fait croire jusqu'à preuve contraire.

Suivant une autre opinion, plus rigoureuse pour les possesseurs, la loi entendrait uniquement, par le mot *titre*, les faits qui, étant *de leur nature* translatifs de la propriété, comme une vente, un échange, une donation, un testament non révoqué, etc. (Comp. art. 711), ne l'ont cependant pas transférée, par suite d'un défaut de pouvoir chez celui qui jouait le rôle d'aliénateur. D'après cette manière de voir, le possesseur de bonne foi ne gardera pas les fruits, s'il se prévaut d'un testament dont la révocation était restée inconnue, car en pareil cas, *il n'y a pas de legs*. Et il faudra décider de même dans l'hypothèse d'un faux acte de vente, d'échange, etc., fabriqué par un mandataire infidèle, ou tout autre, fût-ce par un officier public (V. art. 1317), dont le caractère devait inspirer toute confiance au possesseur; il n'y a eu alors, dit-on, ni vente ni échange, etc. Et de même dans les espèces analogues.

Ces résultats peuvent étonner, surtout si l'on réfléchit que, dans des cas semblables, plusieurs textes de droit romain de l'époque classique vont jusqu'à admettre l'acquisition du fonds lui-même (*usucapion*), par un laps de temps très-court, au profit du possesseur de bonne foi. Il est vrai que cette doctrine, en ce qui regarde les *legs putatifs*, paraît avoir été très-débattue avant de triompher (1).

Chez nous l'art. 138, déjà cité plus haut, accorde expressément les fruits au possesseur de bonne foi qui a recueilli une succession, en tout ou en partie, au lieu et place d'une personne dont l'existence n'est pas reconnue, lors même qu'il n'y a pas encore eu ce qu'on appelle *déclaration d'absence* (Comp. les art. 115, 121, 135 et 136). Où est dans ce cas le *fait translatif*, auquel manquerait seulement le pouvoir d'aliéner (2)? Rien n'atteste que celui qui a disparu, et dont on vient prendre la place, ne soit plus vivant; seulement son existence *n'est pas reconnue*, ou, en d'autres termes, elle est *incertaine*. Et pourtant la possibilité de son retour devra souvent préoccuper l'esprit du possesseur (V. art. 137), tandis que celui qui a en main un testament contenant un legs à son profit, n'aura d'ordinaire aucune idée qu'un acte inconnu de révocation vienne le dépouiller; il serait donc étrange que l'acquisi-

(1) Cas d'un *legs irrégulier* ou *révoqué* : L. ult., D. *pro leg.* (XLI, 8). « Sed et si non jure legatum relinquatur, vel legatum ademptum est, « *pro legato usucapi* post magnas varietates obtinuit. » Cas d'une vente non réelle, mais *putative* : LL. 11, D. *pro empt.* (XLI, 4), et 51, § 1, *pro suo* (XLI, 10). Il résulte de ces textes que pour l'usucapion de la chose, résultat plus important que le gain des fruits, une *juste cause* de l'erreur est le seul *titre* exigé. — Pothier suit la même doctrine en droit français (*Domaine de propriété*, n° 293).

(2) Et où est encore *le fait translatif* dans le cas de payement ou livraison d'*un corps certain* que l'on croyait être dû? Il n'y en a point, mais seulement un *fait d'exécution*. Et cependant le possesseur de bonne foi n'est pas tenu de rendre les fruits (V. art. 1378).

tion des fruits eût lieu dans le premier cas, et non dans le second. Pourquoi attribuer au législateur des contradictions ou des bizarreries, lorsque les textes n'y contraignent pas d'une manière invincible (1)? Or les mots *titre dont on ignore les vices* se prêtent facilement, comme nous l'avons vu, à une interprétation raisonnable, qui se concilie d'ailleurs avec les autres textes.

On peut même douter que le sens restrictif indiqué plus haut, que l'on veut donner au mot *titre*, doive être admis lorsqu'il s'agit de l'acquisition non des fruits, mais de la propriété même par dix ou vingt ans (V. art. 2265). En effet, « posséder de bonne foi en vertu d'un titre translatif « de propriété, etc. », ne se distingue guère de posséder « comme acquéreur de bonne foi et par juste titre. » Le motif de la distinction roulerait donc sur l'emploi du mot *juste*, accolé au mot *titre* dans l'article (2) ! Mais laissons ce point, qui nous entraînerait hors de notre sujet actuel. Seulement ce que dit la loi du *titre nul par défaut de forme* (art. 2267) peut se rattacher à l'*erreur de droit*, dont nous allons parler.

IV. *De l'erreur de droit.* — Y a-t-il bonne foi, dans le sens des articles 549 et 550, lorsque l'erreur existe, non pas sur le fait, mais sur le droit? Pourquoi non, puisque

(1). C'est le tort que nous reprochons au savant professeur belge, M. Laurent; suivant lui, pour l'application de l'art. 550, il faut absolument l'existence *d'un des faits* juridiques dont la nature est de transférer la propriété, vente, legs, donation, etc. (*Principes de droit civil*, t. VI, n°s 208 et suiv.). Opp. M. Demolombe, n°s 595 et suiv.

(2) Pothier, *loc. cit.* entend les mots *juste titre* dans le sens le plus large, c'est-à-dire comme *fait justificatif* de la bonne foi; et il se fonde sur les textes de droit romain que nous avons cités. V. au contraire, pour la différence à établir, suivant qu'il s'agit des fruits ou de la prescription, MM. Aubry et Rau, t. II, § 218, p. 380 et note 19.

ces articles ne font aucune distinction, et parlent de la bonne et de la mauvaise foi en général (1). Très certainement ce qui a été payé indûment *par erreur de droit* est sujet à répétition (V. art. 1376, 1377); or, d'après l'art. 1378, celui qui a reçu la chose indue n'est pas tenu de restituer, avec le capital, les intérêts *et les fruits*, s'il n'a pas été de mauvaise foi (2). Lorsque la loi veut distinguer entre l'erreur de fait et l'erreur de droit, ce qui a lieu en matière d'*aveu judiciaire* et de *transaction* (V. art. 1356, 4e alin., et 2052, 2e alin.), elle le fait expressément. On dit souvent que l'erreur de droit ne se présume pas ; et nous ajoutons que si elle est trop grossière, elle n'est point admissible, la partie qui l'allègue ayant pu facilement s'éclairer (3). Du reste, ce ne sont pas là des caractères absolument distinctifs de l'erreur de droit comparée à celle de fait; car, d'une part, l'erreur de droit s'explique et se justifie d'elle-même s'il y a eu revirement subit de la jurisprudence, comme il y en a tant d'exemples; et, d'autre part, une erreur de fait alléguée peut être si invraisemblable qu'on doive la rejeter de prime abord. En général, si le titre ou acte pèche par le manque *du pouvoir d'aliéner*, comme si le vendeur n'était pas *dominus*, la présomption sera pour l'acquéreur (V. art. 2268) ; et il en est de même, selon nous, dès que le possesseur a montré que, d'après les circonstances de l'affaire, toute personne raisonnable aurait dû croire à l'existence d'un acte d'alié-

(1) Voir les autorités citées par MM. Aubry et Rau, t. IV, § 442, et note 5, *ibid.*

(2) V. aussi art. 1380; cet article parle en termes généraux de *celui qui a reçu de bonne foi*, pour le dispenser de rendre au delà du prix de la chose qu'il a vendue.

(3) Comp. en ce qui regarde l'erreur donnant lieu à ce qu'on appelle un *mariage putatif*, t. Ier de notre *Cours de Code civil*, p. 306.

nation (1) ; la bonne foi de ce possesseur doit être *présumée* jusqu'à preuve contraire (2).

ÉPOQUE OU LA BONNE FOI EST EXIGÉE.

I. — En principe, la bonne foi est exigée à chacune des acquisitions de fruits, par exemple à chacune des récoltes qui se feraient dans une année (3). Telle était déjà notre ancienne jurisprudence française (4). Celui qui fait les fruits siens est celui qui *possède de bonne foi ;* la loi exige ainsi la possession et la bonne foi *actuellement* réunies. Si donc, après avoir été de bonne foi à l'origine de sa possession, il découvre les vices de son titre, il ne continue pas à gagner les fruits. C'est ce qu'indique la fin de l'art. 550, en disant du possesseur : « Il cesse d'être de « bonne foi du moment où ces vices (ceux du titre) lui « sont connus (5). »

II. — A l'inverse, un possesseur qui était de mauvaise

(1) C'est ce qu'on appelle communément *titre putatif;* Comp. ci-dessus, p. 124 et suiv.

(2) Je m'écarte ici de la formule donnée par MM. Aubry et Rau, t. II, § 206, p. 271.

(3) Plus loin, dans la dernière partie de notre sujet, nous examinerons : 1° s'il faut que le possesseur ait matériellement appréhendé les fruits soit naturels, soit industriels, ou s'il suffit que les fruits soient détachés du fonds ; 2° s'il acquiert les fruits civils jour par jour, ou seulement par leur perception effective.

(4) En droit romain les textes du Digeste ne sont pas d'accord sur ce point. Comp. la loi 25, § 2, *De usur. et fruct.* (XXII, 1) avec la loi 48, § 1, *De acq. rer. dom.* (XLI, 1). Dans les Institutes la question n'est pas nettement posée ; mais à prendre le texte à la lettre, on peut croire que la bonne foi n'est exigée qu'à l'origine : « Si quis a non domino... bonâ fide acceperit » (Lib, II, tit. 1, § 35).

(5) Comp. ce que nous avons dit au sujet des *mariages putatifs*, dans le tome Ier de notre *Cours de Code civil*, fin de la p. 305 (*De l'époque où la bonne foi est exigée*).

foi à l'origine a pu vouloir régulariser sa position par un nouveau titre, une vente par exemple, dont il ignore les vices ; et dès lors il fera les fruits siens.

III. — Que décider si le possesseur de mauvaise foi a laissé un héritier, qui ignore les vices du titre de son auteur? Si on applique ce qui a été dit plus haut, on dira que l'héritier s'étant cru et ayant dû raisonnablement se croire propriétaire, gagnera les fruits tant que durera la bonne foi. Pour la solution inverse on a objecté que le *de cujus* s'était obligé tacitement à rendre tous les fruits par lui perçus ou à percevoir, et que son héritier a succédé à cette obligation. Mais la réponse est que le défunt n'était obligé à rendre que les fruits par lui perçus *de mauvaise foi*, et que la mauvaise foi s'est transformée en bonne foi dans la personne de son héritier. Nous convenons pourtant qu'une autre solution devrait être admise, si le défunt avait employé des manœuvres frauduleuses pour cacher sa possession indue, par exemple, s'il avait détruit ou altéré, ou caché des titres; dans ces cas et autres semblables, il y aurait un délit caractérisé, dont toutes les conséquences devraient peser sur les héritiers du délinquant.

Si un possesseur assigné en restitution est décédé pendant l'instance, l'héritier devra encore rendre les fruits perçus depuis l'assignation ; car dès ce moment il s'est formé entre les parties un quasi-contrat judiciaire, qui oblige l'héritier avec lequel l'instance a été reprise (1). Il est juste que les délais de l'instance ne nuisent pas au deman-

(1) L'assignation en conciliation produit le même effet, si elle est suivie d'une assignation dans les délais de droit (V. art. 2245 et C. de proc. civ., art. 57).

deur, et que celui-ci, en gagnant sa cause, obtienne tout ce qu'il aurait obtenu si le défendeur n'avait pas contesté (1). Peu importe donc que ce dernier, possesseur de bonne foi, ait regardé la prétention du demandeur comme mal fondée ; la demande le constitue dans une sorte de mauvaise foi légale à partir du moment où l'instance est liée ; et il doit se tenir prêt à rendre, s'il succombe, tous les fruits qu'il a perçus, et même ceux *qu'il a pu percevoir* depuis cette demande. Il est, en quelque sorte, devenu le gardien éventuel de la chose au profit du demandeur, et, s'il meurt pendant l'instance, ses héritiers sont tenus comme il l'était (2).

IV. — Si la prescription est acquise au possesseur, même de mauvaise foi, on n'a plus à s'occuper des fruits, parce que la prescription couvre tout et remonte à l'origine de la possession ; le possesseur est réputé avoir été propriétaire dès cette époque. Là-dessus tout le monde est d'accord. Nous voyons aussi que, d'après l'art. 549, lorsque le possesseur est tenu de rendre les produits (ou fruits) c'est « avec la chose au propriétaire qui la « revendique (3) ». A ce propos nous ajouterons ici quel-

(1) C'est là l'hypothèse de la loi 2 du Cod. Just. tit. *De fruct. et lit. exp.* (VII, 51), loi qu'on prend dans un sens trop large, en l'appliquant, d'une manière générale et absolue, *aux héritiers des possesseurs de mauvaise foi*. Cette loi supposant une action intentée (*res in judicium deducta*), décide que le défendeur rendra les fruits qu'il a perçus, et même ceux qu'il aurait pu percevoir, après la demande (*post conventionem*). Vient enfin la mention de l'héritier qui succède à la position fâcheuse de son auteur, et doit avoir le même sort : « Heredis quoque « succedentis in vitium par habenda fortuna est. » V. MM. Aubry et Rau, et les autorités qu'ils indiquent dans les deux sens, t. II, § 206, p. 271, 4°, et 272, note 20.

(2) Adj. Inst., *De off. jud.* (IV, 17), § 2.

(3) Dans certains cas, le défendeur devra rendre, non pas précisé-

ques mots sur la *bonne foi* exigée pour la prescription de dix à vingt ans ; cela fera mieux ressortir les règles de notre sujet.

V. — *De la bonne foi en matière de prescription.* — La bonne foi sert de base à la prescription des immeubles par dix à vingt ans, au lieu des trente ans exigés pour la prescription ordinaire (Comp. art. 2262 et 2265 à 2269) (1). Nous ne nous arrêterons pas sur le *juste titre* que l'art. 2265 exige avec la bonne foi ; la nature précise de ce titre est l'objet d'une controverse qui sort de notre sujet (2). Nous remarquerons seulement que pour cette prescription abrégée, il n'y a pas à rechercher (comme pour l'acquisition isolée des fruits) l'existence de la bonne foi à des époques différentes ; car l'art. 2269 dit formellement : « Il suffit que la bonne foi ait existé au « moment de l'acquisition (3). »

Pourquoi, se demandera-t-on, la bonne foi n'est-elle pas requise pendant toute la durée des dix ou vingt ans de

ment *la chose*, mais son équivalent. Par exemple, si l'expropriation pour cause d'utilité publique a été pratiquée sur lui, il remettra l'indemnité qu'il aura reçue (Comp. loi du 3 mai 1841, art. 18). En principe il serait même libéré, si la chose avait péri par cas fortuit ou force majeure (V. art. 1302).

(1) Quant aux meubles corporels, le possesseur de bonne foi a une ressource bien plus grande dans la maxime coutumière : « En fait de « meubles la possession vaut titre » (art. 2279). La prescription de trois ans établie pour le cas de perte ou de vol (même article) n'exige pas une possession *prolongée ;* elle est acquisitive et non extinctive.

(2) Dans notre opinion, le juste titre de l'art. 2265 n'est pas autre que le *titre translatif* de l'art. 550 (V. là-dessus Pothier, *Traité de la prescription*, nos 96 et 97) ; mais ce point est très-discutable. Il a été indiqué ci-dessus, p. 128.

(3) Comp. l'art. 201, relatif au mariage putatif (ou *contracté* de bonne foi), et ce qui a été dit à ce sujet, t. Ier de notre *Cours de Code civil*, p. 305 (*De l'époque où la bonne foi est exigée*).

possession? Cette condition paraîtrait assez raisonnable, puisqu'il s'agit ici d'une prescription très-abrégée, dont le bénéfice est accordé à la bonne foi; et telle est aussi la règle du droit canonique, que l'on suivait dans notre ancienne pratique française (1). Aujourd'hui, au contraire, c'est l'influence du droit romain qui a repris le dessus, et ramené les distinctions que nous venons d'indiquer. Voici en effet ce qu'on trouve en droit romain :

1° Pour ce qui regarde l'*usucapion*, la bonne foi du possesseur n'est demandée qu'à l'origine (*initium*) (2). Ce principe est reconnu dans les textes (3) et remontait probablement à d'anciennes règles positives de législation (4);

2° Tout au contraire, lorsqu'il ne s'agit que d'acquérir les fruits, la bonne foi doit accompagner chacune des acquisitions. La pratique a pu se former en ce sens, parce que, n'étant point ici dominée par un texte de loi, on se sera dit tout naturellement : sans doute il est équitable

(1) V. Pothier, *Traité de la prescription*, n° 34.

(2) Cela est maintenu dans l'*usucapion* réformée par Justinien, laquelle a servi à peu près de type à notre prescription des immeubles avec juste titre et bonne foi. V. Inst., pr. et § 12, *De usucap.*, et (II, 6); et Cod. Just., L. unic. *De usuc. transf.* (VII, 31) : « ut ab « *initio eam* (alienam rem) *bonâ fide capiat;* » V. aussi L. 48, D., *De acq. rer. dom.* (XLI, 1). En principe l'*initium* se plaçait au moment de la tradition ou entrée en possession de la chose; mais dans le cas de vente, on exigeait qu'il y eût en outre bonne foi au moment du contrat; même loi 48, et L. 2, D., *Pro empt.* (XLI, 4). Comp. là-dessus, MM. Demangeat, *loc. cit.*, et Accarias, *Précis de droit romain*, 2e édit. t. Ier, p. 530, note 3.

(3) Sauf quelques difficultés quant au titre *pro donato;* V. M. Demangeat, *Cours élémentaire de droit romain*, t. I, p. 559.

(4) Jure civili constitutum fuerat ut qui bonâ fide... *rem emerit... aliâve quâvis justâ causâ acceperit*, eam rem usucapiat (Inst. *De usucap.*, etc.) (II, 6); Comp. la formule de l'Édit du Préteur pour l'action publicienne, L. 1 et 3, Dig., *De public. in rem act.* (VI, 2).

que le possesseur de bonne foi garde les fruits et ne rende que le capital. Mais y a-t-il eu *possession de bonne foi?* c'est là un pur fait à vérifier (1). On a suivi chez nous cette manière de voir, comme on a adopté la règle qui se contente de la bonne foi à l'origine pour l'usucapion.

De l'époque où a lieu l'acquisition des fruits.

I. Suivant le texte des Institutes, cité en commençant l'examen des art. 549 et 550 (2), le possesseur de bonne foi acquiert les fruits *qu'il a perçus (quos percepit)*. Ces mots ne doivent pas être pris à la lettre, car, en droit romain, le possesseur devenait propriétaire des fruits dès qu'ils étaient détachés de la chose principale, et avaient ainsi une existence propre et individuelle; en cela le possesseur de bonne foi avait un avantage sur l'usufruitier, lequel n'était propriétaire que des fruits perçus par lui, c'est-à-dire dont il avait pris possession (3). Chez nous ces distinctions subtiles ont disparu, et l'usufruitier acquiert sans aucun doute les fruits de nature à être récoltés, et qu'un accident quelconque a séparés du sol (Comp.

(1) Ceci est bien exprimé, ce nous semble, dans un texte de Paul, formant la loi 48. Dig., *De acq. rer. dom.* (XLI, 1) : « Quæritur, si eo tempore, quo mihi traditur, putem vendentis esse, deinde cognovero alienam esse, *quia perseverat per longum tempus capio, an fructus meos faciam?* Pomponius, verendum NE NON SIT BONÆ FIDEI POSSESSOR, *quamvis capiat: hoc enim ad jus, id est capionem,* ILLUD AD FACTUM PERTINERE, *ut quis bona aut mala fide possideat.* » On voit du reste, par ce texte même, que la question a été discutée.

(2) Page 119, note 1.

(3) V. L. 25, § 1, *in fine*, Dig., *De usur. et fruct.* (XXII, 1) : « Cum fructuarii non *fiant (fructus)*, *antequam ab eo percipiantur, ad bonæ fidei autem possessorem pertineant, quoquo modo a solo separati fuerint*, etc. »

art. 585) (1). A plus forte raison cela est-il vrai du possesseur de bonne foi, conformément aux anciens principes.

II. — *De l'acquisition des fruits civils.* — Une question très-controversée est celle de savoir s'il faut appliquer aux fruits civils, intérêts, arrérages, loyers, etc., la disposition de l'art. 586, qui, traitant de l'usufruit, décide que ces fruits s'acquièrent *jour par jour*. Nous admettons l'affirmative, parce que les art. 549 et 550, décidant que le possesseur de bonne foi *fait les fruits siens*, et ne disant rien sur l'époque précise où les fruits sont *acquis*, ont dû naturellement se référer à ce qui est réglé pour des cas analogues, tels que celui de l'usufruitier. C'était là, suivant la remarque d'un jurisconsulte laborieux et savant, M. Delzers (qui a appartenu à l'enseignement de l'école) (2), le droit commun appliqué avant le Code civil au possesseur de bonne foi, de même qu'à l'usufruitier et à tous ceux auxquels la loi reconnaît un droit de jouissance; et il rapporte, à cet égard, l'opinion de Domat (3) et aussi de Dumoulin (4).

(1) Les deux alinéas comparés de l'art. 585 montrent que le propriétaire du fonds, qui le reprend à la fin de l'usufruit, n'a droit qu'aux fruits naturels et industriels alors *pendants par branches et par racines*.

(2) *Cours de procédure civile et criminelle*, par M. Ch. Delzers, professeur suppléant à la Faculté de droit de Paris, t. I (1842), p. 446 et suiv.

(3) Nous transcrivons le passage de Domat : « Si les revenus d'un fonds *possédé par un détenteur de bonne foi* viennent successivement et de jour en jour, comme les loyers d'une maison, le revenu d'un moulin, d'un bac, d'un péage, et les autres semblables, et qu'il soit évincé, il aura *ce qui se trouvera échu* jusqu'à la demande et rendra le reste. » (*Lois civiles*, l. III, tit. V, sect. III, art. 8). *Nota :* Domat eût pu dire aussi : le possesseur aura ce qui se trouvera échu jusqu'à la cessation de la bonne foi.

(4) Voici le texte de Dumoulin..... *In pensionibus domuum vel mer-*

On a objecté que le texte de l'art. 549 accorde seulement au possesseur de bonne foi l'avantage de ne pas *rendre les produits* avec la chose du propriétaire; et aussi que l'art. 138 ne fait gagner aux possesseurs d'une succession que les fruits *par eux perçus* de bonne foi (1). Il s'agirait donc toujours uniquement des fruits que tient le possesseur, dont il est nanti et qu'on ne lui reprend pas. Mais cet argument irait trop loin, car il conduirait à refuser au possesseur les fruits détachés du sol, qu'il n'aurait pas encore appréhendés lors de la revendication du fonds ou de la cessation de la bonne foi, résultat contraire aux principes établis plus haut.

La pensée du législateur, exprimée au début de l'art. 549, est que le possesseur de bonne foi *fait les fruits siens;* or, faire les fruits siens c'est les acquérir comme on les acquiert en général, à savoir les fruits matériels par leur séparation de la chose principale, et les fruits civils à raison du temps écoulé, c'est-à-dire jour par jour. Cette règle a été développée dans le titre *de l'usufruit*, où le Code s'occupe tout au long de ce *droit de jouir* si usuel chez nous; mais, selon la remarque de Dumoulin (2), elle s'étend à d'autres cas analogues tels que celui de communauté entre époux, etc. (V, art. 1401, 2°); il est donc

cedibus operarum, quæ tempus successivum et quotidie deberi incipiunt, inspicitur temporis rata, ad acquisitionem inter venditorem et emptorem; idem est inter proprietarium et fructuartium, ET IN ALIIS CASIBUS (*Cons. Par. des fiefs*, § 1, gl. 1, n° 52). M. Delzers regarde ces mots *in aliis casibus* comme exprimant une idée générale, applicable au possesseur de bonne foi comme à d'autres.

(1) M. Demante, qui argumente de cet art. 138, conclut en disant que, à son avis, « le bénéfice du possesseur ne doit consister vraiment « que dans une dispense de restitution. » (*Cours analytique du Code civil*, t. II, n° 384 *bis*, V.)

(2) V. note 4 de la page précédente.

tout à fait raisonnable de l'appliquer aussi à la possession de bonne foi, en sorte que le possesseur de bonne foi, comme l'usufruitier, comme la communauté entre époux, acquière chaque jour une créance formant la 365e partie du montant de la somme qui représente le revenu de l'année. Chacune de ces petites créances est un fruit que le possesseur *a fait sien,* dont il a eu la *perception civile,* et qu'il doit conserver définitivement. Si donc, par indulgence, il n'a pas poursuivi un locataire ou fermier malheureux, en retard de payer ses termes de loyer ou de fermage, il n'en éprouvera aucun préjudice; et, à l'inverse, il ne profitera pas des termes qu'il aurait touchés d'avance, comme cela arrive souvent. Ainsi, en résumé, nous disons que *faire les fruits siens,* c'est acquérir les fruits matériels quand ils sont détachés, et les fruits civils à leur échéance de chaque jour (1).

(1) C'est ce qu'exprime Dumoulin, à l'endroit indiqué plus haut : « *Quod operatur in naturalibus fructibus separatio, hoc operatur in civilibus obligationis cessio.* » En ce sens, M. Laurent, t. VI, n° 206, p. 276 et suiv.; le savant auteur rappelle que cette opinion était celle de Domat, dans ses *Lois civiles* (V. ci-dessus, p. 136, note 3); en sens contraire, M. Demante (ci-dessus, p. 137, note 1), MM. Aubry et Rau, t. II, § 206, note 9; Demolombe, t. IX, nos 627 et 628; Mais M. Demolombe admet que le possesseur de bonne foi serait réputé avoir perçu les fruits civils, loyers, arrérages, etc., « s'il les avait cédés ou dé- « légués, ou s'il avait fait avec le débiteur un règlement, s'il avait « reçu de lui un nouveau titre, une reconnaissance, qu'il aurait « pu céder à d'autres. »

CHAPITRE II

DU DROIT D'ACCESSION SUR CE QUI S'UNIT ET S'INCORPORE A LA CHOSE

ART. 551. « Tout ce qui s'unit et s'incorpore à la chose appartient au propriétaire, suivant les règles qui seront ci-après établies. »

Nous avons dit plus haut (1) qu'il n'y a pas réellement de *droit d'accession* quant aux produits de la chose, et que (en l'absence du droit d'un tiers) ces fruits ne sont en réalité qu'une portion de la chose soumise au droit de propriété. Dans le sujet qui va maintenant nous occuper, le mot *accession* s'entend mieux, quoique parfois ce qu'on appelle ainsi ne soit qu'une extension, ou un développement, de la propriété originaire. On a aussi, chose très-curieuse, rangé parmi les cas d'*accession* celui où l'ouvrier, grâce à l'importance de son talent, acquiert la matière qu'il a travaillée (2). Nous ne voyons pas que les jurisconsultes romains aient jamais rangé l'accession (mobilière ou immobilière) parmi les *manières d'acquérir la propriété*. Ces classifications n'ont guère d'ailleurs qu'un intérêt théorique.

Ce chapitre du Code est divisé en deux sections ayant trait, la première aux choses immobilières, et la seconde, aux mobilières.

(1) P. 113.
(2) V. art. 571.

SECTION PREMIÈRE

DU DROIT D'ACCESSION RELATIVEMENT AUX CHOSES IMMOBILIÈRES

Division. — On trouve ici deux objets bien distincts, à savoir : 1° les plantations, constructions, etc., qui peuvent être faites sur le sol ou dans l'intérieur du sol; 2° les accroissements résultant pour un fonds du voisinage d'un cours d'eau. Quant aux animaux demi-sauvages dont parle l'art. 564, en les considérant comme l'*accessoire* du fonds où ils s'établissent, nous en avons parlé en expliquant l'art. 524 (1).

Des plantations, constructions, etc.

ART. 552. — « La propriété du sol emporte la propriété du dessus et du dessous.

« Le propriétaire peut faire au-dessus toutes les plantations et constructions qu'il juge à propos, sauf les exceptions établies au Titre *des servitudes ou services fonciers*.

« Il peut faire au-dessous toutes les constructions et fouilles qu'il jugera à propos, et tirer de ces fouilles tous les produits qu'elles peuvent fournir, sauf les modifications résultant des lois et règlements relatifs aux mines, et des lois et règlements de police. »

I. — *Développements de la règle.* — I. Nous rappelons ici l'art. 544, sous lequel nous avons indiqué des restrictions apportées au droit du propriétaire par les lois et les règlements de police (2).

(1) V. p. 25 et suiv.
(2) V. p. 104 et 105.

II. Notre texte pose en principe que « la propriété du sol emporte celle du dessus et du dessous, » et applique lui-même cette formule aux plantations et aux constructions, etc. Évidemment les plantations et les bâtiments se développent ou s'élèvent, dans une certaine limite, à l'extérieur du sol; c'est là une nécessité des choses; comme encore un certain espace dans l'intérieur doit être occupé par les racines des plantes, et par les fondements des édifices, par les caves, etc. Réduit à ces termes, l'article n'exprimerait qu'une vérité par trop naïve; mais il a une toute autre portée. Il signifie que, sauf les dispositions restrictives des lois et des règlements, le propriétaire a un droit indéfini au dessus et au dessous, à quelque hauteur qu'on s'élève, et à quelque profondeur qu'on descende (1). De là plusieurs conséquences remarquables, ainsi :

1° Le propriétaire a le droit de s'opposer à ce que les voisins aient des balcons, corniches, ou autres saillies se projetant sur son terrain ; il peut aussi exiger que les branches des arbres qui s'y étendent soient coupées (V. art. 672). Enfin il a le droit de couper lui-même les racines qui avancent sur son héritage (même article) ;

2° Il peut faire au-dessous, comme dit notre article, et à une profondeur quelconque « toutes les constructions et fouilles qu'il jugera à propos, et tirer de ces fouilles tous les produits, etc. » (2) par conséquent empêcher tout

(1) Les glossateurs expriment cela dans une forme originale, en disant que le propriétaire du sol est *dominus cœli et inferorum*.

(2) Le propriétaire du sol n'est pas regardé *à priori* comme propriétaire d'un trésor qui existerait dans son fonds; car la loi elle-même définit le trésor, « toute chose cachée ou enfouie, *sur laquelle « personne ne peut justifier sa propriété* » (V. art. 716). Cependant, par des considérations d'équité, la loi en accorde la moitié, lorsque c'est un tiers qui l'a découvert par hasard; si l'inventeur est le

autre de faire des fouilles ou travaux sous son terrain, et d'en tirer profit, sauf les cas de concession de mines, dont nous parlerons plus loin, ou autre cas analogue reconnu par les lois.

Exceptions à la règle. — I. A propos de la propriété *du dessus*, notre article réserve « les exceptions établies au titre *des servitudes* ou *services fonciers* ».

Il s'agit ici non des servitudes que les propriétaires peuvent, en général, établir à leur gré sur leurs immeubles, et dont beaucoup s'établissent aussi par prescription (V. art. 686, 690 à 695), mais de celles que la loi elle-même crée ou dont elle déclare l'existence (Comp. art. 640, 643, 650, 674, 675 à 685; V. aussi dans notre section 1re, l'art. 566 *in fine*) (1). D'autres exceptions existent en vertu de lois spéciales, comme celles qui interdisent la culture du tabac en dehors des terrains indiqués par le gouvernement (2), ou en vertu de règlements spéciaux, tels que ceux qui fixent le maximum de hauteur que peuvent avoir les maisons dans certaines communes.

II. Les exceptions à la règle de la propriété absolue *du dessous* résultent « des lois et règlements de police ». Tels sont ceux qui ont trait à l'exploitation des minières et des

propriétaire lui-même, il l'acquiert en entier, comme premier occupant (V. ci-dessus, p. 93).

(1) Les unes, dit *le Code*, *dérivent de la situation naturelle des lieux*, et les autres sont *établies par la loi* (V. au titre *des servitudes* les art. 639 et 649, et les rubriques des chap. I et 2). Ces servitudes entrent comme éléments dans la constitution de la propriété immobilière en France. Mais les *vraies servitudes* sont celles *du fait de l'homme* (V. le chap. III du même Titre).

(2) Cela tient au monopole qu'il exerce quant au tabac.

carrières (1). Certains usages sur le même objet ont aussi été maintenus avec la force de règlements (2). Mais nous devons nous arrêter un peu sur ce qui regarde les *mines*, à cause de l'importance du sujet, qui a été traité dans une loi spéciale d'une grande étendue.

I. *Des mines.* — Le sens naturel de l'art. 552 paraît bien être, que le propriétaire du fonds est aussi propriétaire des substances minérales qui y sont renfermées; car, dit le texte, « il peut faire au-dessous *toutes les constructions et fouilles* qu'il jugera à propos, et *tirer de ces fouilles tous les produits* qu'elles peuvent fournir, *sauf les modifications* résultant des lois et règlements relatifs « aux mines, etc. » Telle était notre ancienne législation; elle reconnaissait en principe au maître du fonds le droit d'exploiter les mines, sauf que, s'il négligeait de le faire, l'exploitation pouvait être concédée à d'autres, sous la condition de lui payer une indemnité.

II. La loi du 28 juillet 1791, qui était en vigueur quand le Code a été promulgué, reconnaissait au propriétaire le droit d'exploiter librement, soit à ciel ouvert, soit avec galeries, les substances minérales de toute nature, mais seulement jusqu'à cent pieds de profondeur. Au delà il devait avoir *une autorisation* du gouvernement, laquelle ne pouvait être refusée que pour des raisons sérieuses; ce n'était pas là *une concession*, dans le sens absolu qu'on attache aujourd'hui à ce mot; et l'art. 598 du Code,

(1) V. loi du 21 avril 1810, tit. 7 et 8. V. aussi, quant aux minières, la loi du 9 mai 1866.

(2) Ainsi pour le creusement d'un puits ou d'une fosse d'aisance V. art. 674.

rédigé en conformité de la loi de 1791 (à propos des droits de l'usufruitier) emploie comme synonymes les mots *concession* et *permission*. La loi de 1791 voulait assurer une bonne exploitation des richesses minérales enfouies dans le sol, mais en regardant toujours comme préexistant le droit du propriétaire du sol. C'était faute de bonne volonté ou de moyens suffisants chez ce dernier, que le gouvernement accueillait des étrangers et leur accordait l'exploitation moyennant une indemnité à payer.

III. Aujourd'hui ce qui regarde les mines est régi surtout par la loi du 21 avril 1810 (1) qui attribue au gouvernement le droit de faire la *concession* des mines, par un acte délibéré en conseil d'État (art. 5). « Cet acte « règle les droits des propriétaires de la surface sur le « produit des mines concédées » (art. 5), en leur assurant sur la mine une *redevance* (V. art. 19) ou fixe en argent ou proportionnelle au matières extraites. Il y a là comme une *recognitio dominii*, dont l'avantage pécuniaire est généralement assez minime (2). Le même acte de concession « donne la propriété perpétuelle de la mine, « laquelle est dès lors disponible et transmissible comme « tous les autres biens, et ne peut être expropriée que « dans les cas et dans les formes prescrits pour les autres « propriétés » (art. 7); seulement elle ne peut être divisée sans une autorisation du gouvernement, aussi délibérée en conseil d'État (*ibid.*) ni à d'autres mines sans la même autorisation (Décret du 4 décembre 1852).

(1) V. ci-dessus, p. 52, II.

(1) C'est une sorte d'hommage qu'on semble avoir voulu rendre, sans grand résultat pratique, à la formule générale de l'art. 552. On a dit assez spirituellement que la redevance est *un coup de chapeau* tiré à l'art. 552 du Code civil.

ART. 553. — « Toutes constructions, plantations et ouvrages sur un terrain ou dans l'intérieur, sont présumés faits par le propriétaire à ses frais et lui appartenir, si le contraire n'est prouvé; sans préjudice de la propriété qu'un tiers pourrait avoir acquise ou pourrait acquérir par prescription, soit d'un souterrain sous le bâtiment d'autrui, soit de toute autre partie du bâtiment. »

I. — Il y a ici en faveur du propriétaire d'un terrain deux présomptions légales distinctes, et toutes deux faciles à comprendre. Les constructions, plantations et autres ouvrages qui se trouvent sur le terrain, ou dans l'intérieur, sont présumés appartenir au propriétaire, et en outre, avoir été faits par lui à ses frais. Chacune de ces présomptions peut tomber devant la preuve contraire (Comp. art. 1350 2° et 1352). Ainsi le propriétaire peut être débiteur des travaux par lui commandés, ou même faits par un tiers sans son agrément; dans ce dernier cas il y a lieu à plusieurs distinctions (V. art. 555).

II. — Le propriétaire peut avoir aliéné tout ou partie des constructions ou plantations, etc., en gardant pour lui-même le sol ou terrain, par exemple le rez-de-chaussée d'un bâtiment. Il pourrait aussi avoir aliéné seulement un ou plusieurs étages supérieurs, et retenu pour lui les autres (Comp. art. 664) (1). Dans une grande partie de notre ancienne Bretagne, il existe encore un genre de colonage appelé *tenue à domaine congéable,* d'après lequel les bâtiments servant à l'habitation, ou à l'exploitation d'une usine, ainsi que les arbres d'une certaine importance (*édifices et superfices*) passent dans la propriété du colon.

(1) C'est ce qu'on appelle quelquefois droit *de superficie.* Une loi des Pays-Bas, du 10 janvier 1824, traite d'un droit de superficie temporaire.

Mais cette propriété prend fin si le propriétaire résilie le bail, en remboursant au colon la valeur des bâtiments et des arbres sur estimation (1).

III. — La première partie de notre article suppose tout d'abord que la propriété de la superficie (*constructions, plantations*, etc.) aurait été démembrée du fonds par un titre exprès, émané du maître, tel qu'une vente, une donation, etc.; car, dans la seconde phrase, il s'occupe du cas où la propriété des ouvrages, intérieurs ou extérieurs, aurait été acquise ou pourrait l'être plus tard *par prescription*. Évidemment ces termes généraux de la première phrase, *si le contraire n'est prouvé*, auraient suffi pour comprendre le cas de la prescription acquisitive (V. art. 712 et 2219).

A-t-on voulu ici prévenir un doute qui aurait pu s'élever au sujet de la prescription d'une cave ou de tout autre souterrain, doute fondé sur ce que la possession utile pour prescrire doit être *publique* (art. 2229)? Mais certainement la possession d'un ouvrage souterrain est *publique* dans le sens de la loi, quand les actes du possesseur, bien caractérisés d'ailleurs (*non équivoques*) (V. le même article), n'ont pu être ignorés du propriétaire ou de ses agents, des voisins, etc. Chaque chose ne peut être possédée que selon sa nature; ainsi on ne pourrait qualifier de clandestine la

(1) Comp. l'ancienne loi *sur les élections à la chambre des députés*, du 19 avril 1831, laquelle (art. 9) faisait pour le cens électoral une certaine répartition de l'impôt foncier entre le colon et le propriétaire. Le projet de loi *sur les priviléges et hypothèques*, préparé par une commission de l'Assemblée nationale (dernière rédaction du 14 juin 1851), classait parmi les biens immeubles susceptibles d'hypothèque, « le « droit du colon de domaine congéable sur les édifices et superfices, « conformément aux lois qui régissent cette nature de droit. »

possession d'objets mobiliers, dont on se sert chez soi, comme tout le monde fait en pareil cas, et sans aucune manœuvre extraordinaire tendant à en cacher la jouissance. Les rédacteurs n'ont donc pu avoir le scrupule dont il s'agit, d'autant plus que la fin de l'article parle de la prescription non pas seulement « d'un souterrain sous le bâtiment d'autrui », mais encore « de toute autre partie du bâtiment ». Il y a donc dans l'article une véritable redondance.

Art. 554. — « Le propriétaire du sol qui a fait des constructions, plantations et ouvrages avec des matériaux qui ne lui appartiennent pas, doit en payer la valeur ; il peut aussi être condamné à des dommages-intérêts, s'il y a lieu ; mais le propriétaire des matériaux n'a pas le droit de les enlever. »

Si le propriétaire du sol, étant *de bonne foi*, tenait ces matériaux d'une autre personne, et qu'ils n'aient été perdus ni volés (soustraits frauduleusement), mais, par exemple vendus par un dépositaire infidèle, il y aurait lieu à l'application de l'art. 2279, suivant lequel « *en fait de meubles la possession vaut titre* ». Dans ce cas, le maître du sol aurait acquis la propriété des matériaux, même avant d'avoir fait les constructions, plantations, etc. Et il ne serait pas tenu d'en fournir la valeur, déjà par lui payée à son vendeur (1) ; tel est le sens de la maxime précitée, qui suppose que l'acquéreur a traité avec un tiers possesseur (V. art. 2279, *in fine*).

Le texte de l'art. 554 suppose donc que le propriétaire du sol ne peut invoquer le bénéfice d'une acquisition

(1) Ne serait-il pas juste de refuser le bénéfice de l'art. 2279 à un donataire, comme on admet sur l'art. 1167 que l'action fraudatoire est donnée contre les donataires du *fraudator*, malgré leur bonne foi ?

faite de bonne foi; et alors les matériaux pourront être revendiqués pendant un délai plus ou moins long, suivant les cas, tant qu'ils conserveront leur indivualité propre. Mais une fois employés dans la construction, etc., ils font partie de l'immeuble, et dès lors, comme dit notre article, le propriétaire de ces matériaux « n'a pas le droit de les enlever », à cause du principe de l'accession. Mais le propriétaire du sol doit payer la valeur des objets qu'il conserve.

Ce qui précède diffère un peu de la décision que donnent les *Institutes* dans le § 29 du titre *De div. rer.* (I, 2). On y suppose que le propriétaire du terrain a fait entrer dans sa construction *tignum alienum*, mots qui s'entendent de toute espèce de matériaux appartenant à autrui, qui ont pu servir à bâtir : *appellatione autem tigni omnis materia significatur, ex qua œdificia fiunt* (1). En ce cas, d'après les règles ordinaires du droit romain, le propriétaire des matériaux aurait dû pouvoir exercer une action dite *ad exhibendum*, pour faire détacher et représenter les matériaux englobés dans le corps de l'édifice, et les revendiquer ensuite. Mais la loi des douze tables avait interdit, en pareil cas, l'emploi de ces moyens juridiques, au moins à l'égard du constructeur de bonne foi (2),

(1) Cela s'appliquait aussi aux perches et aux échalas employés dans les vignes; la loi des douze tables défendait de faire détacher et de revendiquer « *tignum furtivum ædibus vel vineis junctum*, L. 1, pr., D., *De tigno juncto* (XLVII, 3).

(2) Ulpien, L. 1, § 2, D., *De tigno juncto* donne l'action *ad exhibendum* contre celui *qui sciens alienam rem œdificio inclusit*, etc. V. aussi la loi 2, *ibid.*, où il parle de la revendication. Mais, dit M. Accarias (*Précis de droit romain*, t. I, p. 578) « même à l'égard du « constructeur de mauvaise foi elles (ces actions) n'aboutissent jamais « à la démolition, ni par conséquent à une restitution en nature. »

et cela dans l'intérêt de la conservation des édifices, *ne œdificia rescindi necesse sit* (1). En revanche, le propriétaire des matériaux employés pouvait obtenir du constructeur, par une action dite *de tigno juncto*, une indemnité double de la valeur des matériaux. D'après les Institutes, il n'avait ensuite plus rien à réclamer; et, au contraire, à défaut de l'indemnité, il conservait son droit de propriété sur les matériaux, et pouvait les revendiquer si, par une démolition volontaire ou par accident, ils venaient à être détachés de la construction (2).

Chez nous le propriétaire du sol doit payer, non le double, mais la valeur réelle des matériaux employés pour les constructions, plantations et ouvrages, et en outre des dommages et intérêts, *s'il y a lieu*. Quant aux objets eux-mêmes, on n'a pas le droit de les lui enlever. Et, d'après le texte de l'article, cette règle s'applique aux *plantations* comme aux constructions et aux autres ouvrages, sans qu'il y ait à distinguer, ainsi que le font les Institutes (*De rer. div.*, § 31), si la plante a ou non pris racine dans le nouveau sol. N'aurait-on pas dû permettre de revendiquer les objets de cette nature, quand ils peuvent être enlevés et repris sans inconvénient sérieux?

(1) Ulpien (XLVII, 3, Dig., L. I, princ.) dit : « *Ne vel œdificia sub eo* « *prætextu diruantur, vel vinearum cultura turbetur.* »

(2) Inst. *loc. cit.*, § 29 : « *Sed si aliqua ex causa dirutum sit œdificium, poterit materiæ dominus, si non fuerit duplum jam persecutus, tunc eam vindicare et ad exhibendum de ea re agere.* » La loi 7, § 10, D., *De acq. rer. dom.* (XLI, 1), semble accorder toujours la revendication des matériaux séparés. V. aussi la loi 2, *De tigno juncto*, et M. Accarias, *op. cit.*, p. 579, note 2.

ART. 555. — « Lorsque les plantations, constructions et ouvrages ont été faits par un tiers et avec ses matériaux, le propriétaire du fonds a droit ou de les retenir, ou d'obliger ce tiers à les enlever.

« Si le propriétaire du fonds demande la suppression des plantations et constructions, elle est aux frais de celui qui les a faites, sans aucune indemnité pour lui; il peut même être condamné à des dommages et intérêts, s'il y a lieu, pour le préjudice que peut avoir éprouvé le propriétaire du fonds.

« Si le propriétaire préfère conserver ces plantations et constructions, il doit le remboursement de la valeur des matériaux et du prix de la main-d'œuvre, sans égard à la plus ou moins grande augmentation de valeur que le fonds a pu recevoir. Néanmoins, si les plantations, constructions et ouvrages ont été faits par un tiers évincé, qui n'aurait pas été condamné à la restitution des fruits, attendu sa bonne foi, le propriétaire ne pourra demander la suppression desdits ouvrages, plantations et constructions; mais il aura le choix ou de rembourser la valeur des matériaux et du prix de la main-d'œuvre, ou de rembourser une somme égale à celle dont le fonds a augmenté de valeur. »

I. — Cet article est un peu embarrassé dans sa marche; cela tient à ce qu'il a été modifié après coup par une addition importante. Dans le projet soumis au Conseil d'État, on ne distinguait pas si le tiers possesseur était de bonne ou de mauvaise foi. Dans tous les cas le propriétaire du fonds avait droit ou de retenir les matériaux en remboursant leur valeur et le prix de la main-d'œuvre, ou de forcer le possesseur à les enlever *sans aucune indemnité;* ce dernier pouvait même, s'il y avait lieu, être condamné à des dommages et intérêts, pour le préjudice qu'aurait éprouvé le propriétaire. C'était l'article actuel jusques et compris cette phrase du troisième aliéna : « Sans égard à la plus ou moins grande augmentation de valeur que le fonds a pu recevoir (1). »

(1) V. Fenet, t. XI, p. 79 et 93.

Là-dessus le Tribunat fit observer qu'il serait bien dur d'imposer au possesseur de bonne foi l'obligation d'enlever, au gré du propriétaire, ses constructions, plantations, etc., dont il ne retirerait presque rien; le propriétaire, dans bien des cas, abuserait de son droit pour arracher des sacrifices au possesseur, et s'enrichir ainsi aux dépens de ce dernier (1). Ces observations furent accueillies par le Conseil d'État (2).

De, là pour le cas de bonne foi du possesseur, une addition faite au troisième alinéa de l'article, à partir du mot *néanmoins*. Le propriétaire du sol ne pourra demander la suppression des ouvrages faits par le possesseur de bonne foi; il les conservera donc; mais à la charge de quels déboursés? Ici apparaît de plus en plus la différence entre les deux cas. En face d'un possesseur de mauvaise foi, le propriétaire, s'il conserve les ouvrages qu'il aurait pu faire enlever, approuve en réalité ce qui a été fait et le ratifie; dès lors il doit rembourser l'intégralité des frais. Dans le cas inverse, où, à raison de bonne foi du possesseur, le propriétaire est forcé de conserver les ouvrages, on irait trop loin en l'obligeant toujours à payer la dépense entière : ce qui est équitable, c'est *qu'il ne s'enrichisse pas au détriment du possesseur de bonne foi*. De là le choix

(1) Fenet, t. XI, p. 100.

(2) M. Treilhard, rendant compte au Conseil de l'amendement proposé par le Tribunat sur l'art. 548 (555 actuel), dans l'intérêt du possesseur de bonne foi, dit : « La loi attache tant de faveur à la bonne « foi, qu'elle lui laisse (au possesseur) les fruits qu'il a perçus : il « serait donc contre les principes de le traiter avec la même sévérité « que l'individu dont la jouissance est entachée de mauvaise foi. Il « ne doit pas perdre ses dépenses. Dans cette vue, le Tribunat pro- « pose d'obliger le propriétaire à lui payer le prix des matériaux et « de la main-d'œuvre, ou la plus-value du fonds. — Cette addition est « juste ; la Section n'a pas hésité à l'admettre. » (Fenet, t. XI, p. 104.)

que lui donne la fin de l'article, « ou de rembourser la « valeur des matériaux et du prix de la main-d'œuvre, « ou de rembourser une somme égale à celle dont le fonds « a augmenté de valeur. » La plus-value pourra quelquefois être supérieure aux déboursés (1) ; le plus souvent elle lui sera inférieure (2). Quand elle est supérieure, le propriétaire qui acquitte les dépenses fait sans doute un bénéfice, mais non au détriment du possesseur évincé. Est-elle, au contraire, inférieure à ces dépenses, le possesseur qui ne reçoit que le montant de la plus-value est en perte sans doute, mais le propriétaire ne fait aucun bénéfice. On peut résumer ceci dans une formule très-simple, en disant : le possesseur de bonne foi recouvre ses dépenses, jusqu'à concurrence de la plus-value qu'elles ont produite (3).

II. — Ce système, très-équitable dans bien des cas, sera parfois, il faut en convenir, onéreux pour le propriétaire de l'immeuble. Car, en définitive, on lui impose l'acquisition forcée d'ouvrages qui peuvent ne pas lui convenir en aucune façon. Au moins paraît-il juste de lui accorder, suivant les cas, des délais pour s'acquitter, à la charge de

(1) Par exemple, à raison de l'ouverture d'une route, d'un chemin de fer, etc.

(2) On nous a assuré que généralement la *plus-value* résultant des embellissements de diverses natures, constructions nouvelles, plantations, etc., faites dans les maisons de campagne des environs de Paris, ne s'élève guère au delà *du quart* de l'argent employé.

(3) L'art. 2175 dit de même, en parlant du possesseur qui délaisse l'immeuble hypothéqué ou en subit l'expropriation : «..... il ne peut « répéter ses impenses et améliorations que jusqu'à concurrence de « la plus-value résultant de l'amélioration. » Comp. la loi 38, D., *De rei vind* (VI, 1), où du reste, on laisse une très-grande latitude au juge.

servir les intérêts de la somme dont il devient débiteur (Comp. art. 1244).

III. — On peut imaginer le cas où le propriétaire, en face d'un possesseur de mauvaise foi, désire conserver les constructions, plantations, etc., en payant seulement *la plus-value*, qui serait, nous le supposons, inférieure aux impenses. N'y a-t-il pas moyen pour lui d'éluder le texte de notre art. 555 (1), où il est décidé, en principe, que le propriétaire doit au possesseur le remboursement *de la valeur des matériaux et du prix de la main-d'œuvre?* Ce propriétaire ne peut-il pas, afin de ne payer *que la plus-value*, traiter le tiers possesseur selon les termes de la fin de l'article, c'est-à-dire comme *possesseur de bonne foi?* Ou bien, au contraire, le tiers serait-il admis à invoquer lui-même son manque de bonne foi, pour exiger le montant de toutes ses dépenses, montant qui dépasse la plus-value? On n'admettrait sans doute pas ce moyen de défense du possesseur, lorsque d'ailleurs il est muni d'un *titre*. Mais évidemment si le propriétaire a, sous un autre point de vue, traité le possesseur comme un tiers de mauvaise foi, en exigeant de lui la restitution des fruits (2), ou en lui refusant le bénéfice de la prescription par dix à vingt ans, il ne pourra prétendre lui attribuer une situation toute différente à propos des indemnités pour plantations, constructions, ou autres ouvrages. On aurait coupé court à toutes ces difficultés d'une manière bien simple, en donnant toujours au propriétaire, qu'il y eût bonne ou

(1) Commencement du troisième alinéa.

(2) C'est ce qu'indiquent assez clairement ces mots qui terminent notre article : « Néanmoins si les plantations, etc., ont été faites par un tiers évincé, *qui n'aurait pas été condamné à la restitution des fruits, attendu sa bonne foi, etc.* »

mauvaise foi du possesseur, le droit d'opter entre le remboursement des dépenses et celui de la plus-value. Nous ne voyons pas qu'il fût résulté de là aucune injustice.

IV. — En principe, selon nous, et sauf le cas de délai accordé par le juge au propriétaire suivant les circonstances (1), le possesseur créancier d'une indemnité doit pouvoir, jusqu'au payement complet, retenir l'immeuble revendiqué (Comp. art. 867, 1673, 1948) (2).

V. — Notre article suppose que les travaux exécutés par un tiers l'avaient été avec ses matériaux; la circonstance que les matériaux auraient appartenu à une tierce personne ne changerait rien aux rapports qui existent entre le constructeur et le propriétaire du fonds, sauf l'application à faire de l'art. 554.

DES ACCROISSEMENTS PROVENANT DES COURS D'EAU.

ART. 556. — « Les attérissements et accroissements qui se forment successivement et imperceptiblement aux fonds riverains d'un fleuve ou d'une rivière, s'appellent *alluvion*.

« L'alluvion profite au propriétaire riverain, soit qu'il s'agisse d'un fleuve ou d'une rivière navigable, flottable ou non; à la charge, dans le premier cas, de laisser le marchepied ou chemin de halage, conformément aux règlements. »

I. — Ces attérissements et accroissements successifs et imperceptibles, dont l'article parle, ont lieu quand de petites portions de terre ou de sable, détachées d'un fonds par l'action de l'eau, se déposent contre un autre fonds et y demeurent fixés. Le mot *alluvion* exprime ce mode

(1) V. p. 153.
(2) V. ci-dessus, p. 117.

d'accroissement (1); et, à l'inverse, quelques auteurs ont appelé *déluvion* la diminution correspondante résultant de l'action de l'eau. Ce sont là pour les riverains des chances réciproques de bénéfice et de perte, qui ne donnent lieu à aucune indemnité (2).

II. — L'article décide que l'alluvion appartient toujours au propriétaire riverain, sans qu'il y ait à distinguer si le cours d'eau est ou n'est pas navigable ou flottable (3). Il en est autrement, comme nous le verrons, quant aux îles, îlots et attérissements qui se forment dans le lit des rivières navigables ou flottables; ils appartiennent à l'État. L'acquisition de ces sortes de terrains n'a lieu pour les riverains qu'autant qu'il s'agit de cours d'eau ordinaires, non dépendants du domaine public (art. 560 et 561) (4).

Le Code a rendu ainsi uniforme et général le droit que certaines coutumes seulement reconnaissaient aux riverains. Ailleurs généralement l'État s'emparait des alluvions formées dans les eaux du domaine public; et les seigneurs hauts justiciers revendiquaient les autres.

III. — La fin de l'article indique une servitude appelée *marchepied* ou *chemin de halage*, et qui est simplement désignée par le mot de *marchepied* (le long des rivières

(1) Tout cela est pris du droit romain, où on nomme *alluvio* l'*incrementum latens* qui se forme contre un champ riverain, sans qu'on puisse distinguer *quantum quoquo momento temporis adjiciatur* (Inst., *De. rer. div.*, § 20).

(2) V. Portalis, *Exposé des motifs* de notre Titre. Ajoutons qu'on a voulu éviter des contestations qui auraient donné lieu à des difficultés inextricables, et souvent pour de très-minces bandes de terrain.

(3) Remarquons d'ailleurs que le propriétaire riverain pourrait être l'État, ou une commune, etc.

(4) V. ci-dessus, p. 77, II.

navigables ou flottables) dans l'art. 650 (au Titre *des servitudes*). Sur les fleuves ou rivières navigables, le chemin de halage proprement dit, c'est-à-dire le chemin servant au trait (*halage*) des bateaux par les chevaux, doit être de « vingt-quatre pieds au moins de place en largeur » et, en outre, pour la facilité du service, les riverains ne peuvent « planter arbres, ni tenir clôture ou haies plus près « que trente pieds du côté que les bateaux se tirent et dix « pieds de l'autre bord » à peine d'amende, de confiscation des arbres, etc. (Édit d'août 1669, tit. 18, art. 7) (1). Quant aux rivières flottables, le riverain doit laisser des deux côtés un chemin de quatre pieds pour le service; et cela s'applique même aux simples *ruisseaux* sur lesquels se fait, en certaines localités, le flottage à bûches perdues (V. l'Édit de décembre 1672, chap. XVII, art. 7).

ART. 557. — « Il en est de même des relais que forme l'eau courante qui se retire insensiblement de l'une de ses rives en se portant sur l'autre : le propriétaire de la rive découverte profite de l'alluvion, sans que le riverain du côté opposé puisse venir réclamer le terrain qu'il a perdu.

« Ce droit n'a pas lieu à l'égard des relais de la mer. »

Cet article semble prévoir le cas où le mouvement insensible de l'eau courante, se portant d'une rive sur l'autre, et l'accroissement qui en résulte pour un fonds, aurait pour cause non plus un dépôt de matières, mais quelque lent soulèvement ou abaissement de terrain (2).

(1) Relativement à l'indemnité due aux riverains des rivières navigables où la navigation n'existe pas, et où elle s'établira dans la suite, V. le décret du 22 janvier 1808.

(2) On paraît supposer un phénomène de ce genre, mais brusquement survenu, dans l'art. 563, déjà cité plus haut (p. 79, fin du n° II).

Notre texte, en disant que « le propriétaire de la rive « découverte profite *de l'alluvion* », prend ce mot, comme on voit, dans un sens très-large.

Quant aux *relais de la mer*, nous les avons vus classés mal à propos (art. 538) parmi les dépendances du *domaine public*, tandis que, en réalité, ce sont des *biens de l'État*, pouvant être possédés et prescrits contre lui (1). Mais lorsque la formation de ces relais a eu lieu *successivement et imperceptiblement*, pourquoi ne pas les avoir concédés aux riverains, comme on le fait (art. 556) pour les relais formés dans les rivières navigables et flottables? Nous n'en voyons pas bien le motif; car enfin les rivières navigables ou flottables sont du domaine public aussi bien que les *rivages de la mer*. Aurait-on regardé les relais de la mer comme étant généralement d'une plus grande importance que les autres?

Observation sur les deux articles précédents. — Les art. 556 et 557 entendent toujours par le mot *alluvion* les attérissements, accroissements ou relais dont la formation a été *insensible* ou *imperceptible*. Que décider si, au contraire, l'attérissement s'est formé soudainement le long d'une rive par une action brusque des eaux, peut-être à la suite de travaux d'art? Cette question nous semble résolue par deux articles (561 et 562), qui viennent un peu plus loin. Si la rivière est navigable ou flottable, les propriétaires riverains n'ont aucun droit sur l'attérissement, lequel appartient à l'État (V. art. 560). Mais si la rivière n'est ni navigable ni flottable, la décision doit être favorable aux riverains (art. 561). En effet, le mot *attérissements*, qui figure dans ces articles, a un sens très-

(1). V. ci-dessus, p. 80, n° IV.

large, et doit comprendre non-seulement les *îles* et *îlots*, mais tous les terrains en général (sauf l'*alluvion*), qui apparaissent à découvert dans le cours d'eau. Il serait bien étrange que, pour admettre l'acquisition du nouveau terrain par voie d'*accession* (1), la loi eût exigé que ce terrain accessoire fût *à l'état d'île*, séparé ainsi par l'eau courante du terrain principal. C'est évidemment l'inverse qui aurait paru raisonnable, si on avait voulu faire une distinction entre les *attérissements* autres que ceux d'alluvion (2).

ART. 558. — « L'alluvion n'a pas lieu à l'égard des lacs et étangs, dont le propriétaire conserve toujours le terrain que l'eau couvre quand elle est à la hauteur de la décharge de l'étang, encore que le volume de l'eau vienne à diminuer.

« Réciproquement le propriétaire de l'étang n'acquiert aucun droit sur les terres riveraines que son eau vient à couvrir dans des crues extraordinaires.

I. — Il s'agit ici de la propriété des lacs et des étangs formant une certaine masse d'eau en apparence immobile, et qu'on ne peut appeler *eau courante*, bien qu'elle se renouvelle sans cesse, alimentée par des sources intérieures ou visibles à la surface du sol ; ces eaux nouvelles

(1) Nous rappelons que notre sujet actuel est : « Du droit d'accession relativement aux choses immobilières » (chap. II de notre Titre 2, sect. 1re).

(2) Comp. M. Demolombe, nos 60 et 62. — M. Laurent (t. VI, n° 287) paraît (si nous l'avons bien compris) attribuer à l'État, *comme biens sans maître*, tous les attérissements dont nous venons de parler. Au reste, il dit lui-même : « Nous ne donnons pas cette solution comme étant la plus rationnelle, mais comme celle qui découle « des textes et des principes. » Et cependant plus loin (p. 301), il admet que les riverains des cours d'eau non navigables ni flottables sont *propriétaires du lit*. Comment alors ne pas leur donner un terrain formé *de ce lit* et n'ayant d'ailleurs jamais appartenu à personne ?

réparent ainsi les déchets provenant de l'évaporation, et souvent aussi d'écoulements cachés ou apparents. L'étang diffère du lac par son peu d'étendue, et en ce que l'eau en est ordinairement retenue par des ouvrages faits de main d'homme. On sait que la France est un pays très-peu riche en lacs de quelque importance ; aussi notre article, après avoir nommé d'abord les lacs avec les étangs, finit par ne plus s'occuper que de ces derniers.

II. — Quelles sont les limites naturelles de ce genre de propriété ? C'est ce que l'article explique. Si on suppose d'abord, ce qui n'est pas impossible, que l'étang soit isolé au milieu de terres appartenant à d'autres personnes, le propriétaire aura d'ordinaire, en vertu de quelque titre, un droit de passage pour arriver à sa pièce d'eau et l'exploiter; à défaut de titre, il pourrait réclamer le passage sur quelqu'un des terrains qui l'enclavent, à la charge d'une indemnité (V. art. 682 à 685). Quand le propriétaire, comme cela arrive souvent, sera par quelque côté, mais non en entier, riverain de l'eau, ce sera par rapport aux autres parties de la rive, où se trouvent les voisins, qu'il faudra fixer l'étendue normale de l'étang.

III. — En cette matière, dit notre article, l'alluvion n'a pas lieu, et le propriétaire « conserve toujours le terrain « que l'eau couvre quand elle est à la hauteur de la dé- « charge de l'étang, encore que le volume de l'eau vienne « à diminuer. » En effet, le point où les eaux se déchargent par un déversoir, naturel ou artificiel, indique suffisamment que l'étang ne doit pas monter plus haut; ce qui s'en va, comme on dit, c'est le *trop plein*. Dès lors, quand la nappe d'eau est juste à la hauteur de la décharge, il est facile de déterminer les limites de la propriété, en suivant la ligne que tracent les eaux tout autour de l'étang. Peu importe, d'après le texte même de notre article, que le volume de l'eau ait diminué, ou à l'inverse, que des *crues extraordinaires* viennent à déborder par dessus le déversoir devenu insuffisant pour l'écoulement du trop plein (1).

S'il n'existait pas de décharge ou déversoir nettement indiqué, il faudrait bien admettre que les bords de l'étang seraient délimités par la moyenne des *grandes crues ordinaires*, dont on rechercherait les traces (2).

ART. 559. — « Si un fleuve ou une rivière, navigable ou non, enlève par une force subite une partie considérable et reconnaissable d'un champ riverain, et la porte vers un champ inférieur ou sur la rive opposée, le propriétaire de la partie enlevée peut réclamer sa propriété ; mais il est tenu de former sa demande dans l'année ; après ce délai, il n'y sera plus recevable, à moins que le propriétaire du champ auquel la partie a été unie, n'eût pas encore pris possession de celle-ci. »

I. — Cet article a donné lieu à plusieurs difficultés d'interprétation, et dans sa partie finale il ne se rattache à aucun principe ordinaire du droit. Du reste, le cas dont il s'occupe est à coup sûr très-rare, quoique déjà il figure dans les textes de droit romain ; et nous n'en voyons pas d'exemples dans nos recueils de jurisprudence.

(1) Le propriétaire pourrait être tenu de dommages et intérêts envers les voisins, si les débordements provenaient du défaut d'entretien des lieux en bon état.

(2) Comp. Cour de cass., 13 mars 1867, civ. rej. (affaire Trémaut), Sir. 1867, 1, 249. Comp. *ibid.* 1852, 1, 330. Dans l'arrêt de 1867 la Cour a décidé que le déversoir cesse d'indiquer la hauteur normale de l'étang, lorsqu'un point plus élevé est atteint par les *crues ordinaires* de la saison d'hiver.

Le sens clair des Institutes de Justinien, c'est qu'un riverain demeure propriétaire de la partie enlevée de son champ par les eaux, et portée contre un autre champ, lorsque d'ailleurs elle est reconnaissable. C'est un petit terrain qui a changé de place, en occupant une autre portion du lit de la rivière, sans pour cela changer de maître par voie d'accession (1). La même décision, selon nous, est donnée par l'art. 559 dans sa première partie; il ne réduit pas le propriétaire au droit de venir reprendre en détail les terres, arbres, plantes, etc., dont le fonds enlevé se compose. Nous allons bientôt revenir là-dessus, après avoir vu en entier ce que fournit le droit romain sur cet enlèvement de terrain par les eaux, appelée *avulsion* par certains auteurs.

Le même texte des Institutes ajoute que, si la portion de terrain dont il s'agit, portée contre un fonds étranger, y est demeurée longtemps adhérente, et que des arbres, entraînés avec elle, aient poussé leurs racines dans le fonds du voisin, alors ces arbres doivent être regardés comme appartenant à ce même fonds. Cela est conforme à la règle qui veut que l'arbre appartienne au terrain qui le nourrit : *Plane si longiore tempore fundo vicini tui hæserit, arboresque quas secum traxerit in eum fundum radices egerint, ex eo tempore videntur vicini fundo adquisitæ esse.* Jusqu'ici tout marche sans difficulté (2). Mais un fragment

(1) Voici le passage des Institutes, lib. II, tit. 1, *De rer. div.*, § 21 : *Quod si vis fluminis partem aliquam ex tuo prædio distraxerit, et vicini prædio attulerit, palam est eam tuam permanere. Plane, si longiore tempore fundo vicini tui hæserit, arboresque quas secum traxerit, in eum fundum radices egerint, ex eo tempore videntur vicini fundo adquisitæ esse.*

(2) En admettant sans doute que si des arbres avaient leurs racines à la fois dans les deux terrains, l'ancien et le nouveau, ces arbres seraient communs aux deux propriétaires.

de Gaïus, inséré au Digeste (1), et que reproduit presque littéralement le passage des Institutes, porte, au lieu des mots : *videntur adquisitæ* (arbores), ceux-ci : *videtur adquisita* (pars fundi), ce qui s'entendrait du terrain même entier déplacé par la force du courant. Or qu'une pièce de terre, quelle qu'en soit l'importance, change tout entière de propriétaire parce que des arbres qui s'y trouvent ont pris racine dans le fonds voisin, cela n'est guère en harmonie avec les principes généraux du droit. Le véritable texte du jurisconsulte était donc très-probablement celui que donnent les Institutes de Justinien (2).

Les rédacteurs de notre Code semblent avoir pris pour point de départ le texte du Digeste, d'après lequel le terrain entraîné contre un fonds riverain, *cesse d'appartenir à son propriétaire*, après un long temps (*longiore tempore*) d'une adhérence complète, manifestée par le déplacement des racines des arbres. Seulement, pour simplifier, on a mis de côté ce qui a trait aux arbres, en fixant à la durée uniforme d'une année le *long temps* pendant lequel le maître du terrain pourra réclamer sa propriété, nonobstant toute prise de possession exercée par le propriétaire du champ auquel la partie enlevée a été unie.

De tout cet amalgame d'idées résulte, comme nous l'avons dit en commençant, un mode d'acquisition qui ne correspond à aucune règle connue. C'est un cas d'*accession* sans doute, mais d'une nature toute particulière, puisqu'elle est empêchée par une réclamation faite dans un certain délai, ce qui n'a pas lieu en matière d'accession

(1) L. 7, § 2, *De acq. rer. dom.* (Lib. XLI, tit. 1).

(2) Comp. la remarquable dissertation signée A. T. H. et que nous croyons être de M. Ducaurroy, insérée dans la *Thémis*, ou *Bibliothèque du Jurisconsulte*, t. VI, p. 143.

en général. D'un autre côté, pour que ce délai profite au riverain comme fin de non-recevoir opposée à l'action, il faut que celui-ci ait (avant ou après l'année) *pris possession* du terrain dont il s'agit. On n'exige pas d'ailleurs que cette possession ait duré un certain temps : ce qui est étranger aux règles ordinaires sur l'acquisition de la propriété en matière d'immeubles (Comp. art. 2229, 2262, 2265). Nous examinerons plus loin si la prise de possession n'ayant pas eu lieu, le propriétaire du terrain enlevé pourrait voir son droit éteint par un certain laps de temps.

II. Que peut demander le propriétaire de la partie enlevée? L'article dit simplement qu'il peut *réclamer sa propriété*, c'est-à-dire, comme nous l'avons déjà indiqué, son terrain pris en bloc, tel qu'il existe en nature de fonds, et non pas seulement des arbres, des terres, des pierres, etc., qu'il viendrait détacher et emporter. Nous ne croyons pas qu'on puisse trouver dans les Institutes un autre sens que celui de la revendication intégrale du terrain, dans la position qu'il occupe (1). Si notre Code avait voulu parler d'une revendication d'arbres, de terres, etc., n'aurait-il pas pris la peine de le dire? Dans ce sens, où il n'y aurait lieu qu'à la reprise en détail de la superficie, plusieurs commentateurs (2) ont argumenté d'une réponse faite par Tronchet dans le cours de la discussion au Conseil d'État (3). Mais la question posée avait trait seulement au cas de la superposition d'une couche de terre, qui, glissant

(1) Inst., lib. II. *loc. cit. : Palam est eam (partem) tuam permanere.*

(2) Comp. MM. Ducaurroy, Bonnier et Roustain, t. II, n° 119; Demolombe, n° 104; Aubry et Rau, t. X, § 203, note 22.

(3) V. Fenet, t. XI, p. 86. — Le commencement de la réponse de Tronchet est d'ailleurs fort obscur.

d'un lieu supérieur, comme on en a beaucoup d'exemples, est venue avec ses plantes, ses arbres, et parfois même ses constructions, couvrir le sol d'autrui (1). Évidemment le propriétaire de la couche ainsi détachée n'a pas acquis la propriété du sous-sol qu'elle recouvre ; sauf à lui à reprendre ce qu'il pourra de la superficie qui lui appartient, notamment les constructions et les arbres (2). C'est là ce que répond Tronchet à une question faite au Conseil d'Etat par M. Pelet ; on voit que cette hypothèse diffère beaucoup de celle de notre article (3) qui suppose le terrain enlevé venant se placer non sur le fonds riverain, mais dans le lit de la rivière ou du fleuve (4). On a prétendu que donner au propriétaire de la partie enlevée le droit de venir l'occuper à la place qu'elle occupe actuellement, c'est léser le droit du riverain, en le privant du voisinage des eaux dans la longueur du nouveau terrain, et, par suite, du droit de pêche et de la force motrice du cours d'eau (5). Ce sont là tout simplement, selon nous, des conséquences du voisinage des eaux, qui comporte des éventualités de bénéfices et de pertes. Ces accidents ou résultats, qui sont de force majeure, ne peuvent donner lieu à des réclamations entre les propriétaires (6). On voit

(1) C'est ce que prévoit la loi, 9, § 2. Dig., *De damno infecto* (XXXIX, 2).

(2) Il ne le pourrait même plus, du moins quant aux arbres, si la couche avait fini par se confondre avec le sous-sol (*ibid.*).

(3) V. en ce sens, Demante, t. II, n° 395 *bis*, III. Nous n'avons pu bien comprendre le passage de M. Laurent à ce sujet, n° 297. Peut-être il y a-t-il là quelque faute d'impression.

(4) Pour ce qui aurait pu *recouvrir* le fonds riverain, on se retrouverait dans l'hypothèse indiquée par M. Pelet.

(5) Il ne peut être question de la perte du *droit de pêche* s'il s'agit d'une rivière navigable ou flottable (V. ci-dessus, p. 78).

(6) Sur le cas d'expropriation pour utilité publique, V. ci-dessus, p. 79, fin du n° II, et note 3, *ibid.*

aussi dans l'hypothèse de l'art. 563, ceux qui bordaient un ancien lit, aujourd'hui abandonné par le fleuve ou la rivière, perdre le voisinage de l'eau sans obtenir aucun dédommagement. L'eau est capricieuse pour les riverains: elle leur donne et leur ôte, *dat et adimit*.

III. — Dans le cas, prévu par la fin de notre article, où le propriétaire du champ auquel le terrain enlevé a été uni, n'en aurait pris possession, ni pendant l'année ni plus tard, le maître de ce terrain pourrait toujours, à notre avis, le revendiquer, c'est-à-dire *même après trente ans;* car *la propriété* ne se perd pas chez nous par le simple non-usage, en l'absence de toute possession adverse.

ART. 560. — « Les îles, îlots, atterrissements qui se forment dans le lit des fleuves ou des rivières navigables ou flottables, appartiennent à l'État, s'il n'y a titre ou prescription contraire (1). »

ART. 561. — « Les îles et atterrissements qui se forment dans les rivières non navigables et non flottables, appartiennent aux propriétaires riverains du côté où l'île s'est formée : si l'île n'est pas formée d'un seul côté, elle appartient aux propriétaires riverains des deux côtés, à partir de la ligne qu'on suppose tracée au milieu de la rivière. »

I. — Les distinctions qui se trouvent faites ici, quant aux îles, eu égard à la nature des différentes rivières, ont déjà été indiquées plus haut (2). Quel en est le principe fondamental? c'est ce qu'il est difficile de bien déterminer.

(1) V. Sur cette phrase restrictive : *s'il n'y a titre ou prescription contraire*, ce que nous avons dit plus haut, en traitant *des biens de l'État*, p. 95 ; V. aussi p. 87.

(2) V. p. 77.

On pourrait être disposé à prendre ici pour guide Pothier, en s'attachant à ce passage de son traité *Du droit de domaine de propriété* (1) : « Par notre droit français, les « fleuves et les rivières navigables appartiennent au roi. « Les îles qui s'y forment aussi bien que le lit appar- « tiennent au roi; les riverains n'y peuvent rien prétendre. « A l'égard des rivières non navigables, lorsque ce sont « les propriétaires des héritages riverains qui sont aussi, « chacun en droit soi, propriétaires de la rivière, ils « doivent aussi l'être, chacun en droit soi, et des îles qui « s'y forment et du lit de la rivière (2). » C'est là ce que M. Laurent accepte comme point de départ (3). Il s'empresse de dire que « les auteurs du Code civil ont suivi la « doctrine de Pothier pas à pas », et plus loin : « Si « donc l'art. 561 attribue les îles aux riverains des cours « d'eau non navigables, c'est parce qu'il suppose que « les riverains sont propriétaires de ces cours d'eau (4). »

Mais, objectera-t-on, si les rédacteurs avaient admis ce principe de la propriété de tous les cours d'eau non dépendants du domaine public, pourquoi ne s'en seraient-ils

(1) N°s 160 et 164.

(2) Remarquez que Pothier, parlant des cours d'eau *non navigables*, dit : *lorsque ce sont les propriétaires* des héritages riverains, etc. ; il fait sans doute allusion aux droits ou prétentions contraires des seigneurs haut-justiciers dans beaucoup d'endroits.

(3) N° 301.

(4) D. n° 301. — Quant aux fleuves et rivières dépendants du domaine public, M. Laurent dit aussi (*ibid.*) : « Propriétaire du « fleuve, l'État est par cela même propriétaire du lit, parce qu'on ne « saurait séparer le lit de la rivière. » D'après cela, nous n'avons pu bien comprendre que le même auteur, dans ses n°s 286 et 287, ait, quant à la propriété d'*atterrissements joignant la rive,* fait intervenir spécialement pour eux, et non pour les îles et les îlots, la maxime qui attribue à l'État *les biens vacants et sans maître*. Dans les deux cas les terres qui émergent portent sur le lit dont l'État est propriétaire.

pas expliqués en termes formels? Ils ont bien su dire que le propriétaire d'un fonds est *propriétaire de la source* qui y naît, sauf certaines restrictions indiqués (V. art. 641 et 643). Il était tout aussi aisé de dire : Les riverains des cours d'eau non navigables et non flottables sont propriétaires du lit, chacun de son côté, etc. Mais on n'a rien voulu établir d'absolu à cet égard; ce qui le prouve surabondamment, c'est l'art. 563, qui vient un peu plus loin, et où il est dit que le lit abandonné par une rivière *navigable, flottable ou non,* appartient, non pas aux riverains du cours d'eau, mais, à titre d'indemnité, aux propriétaires des fonds nouvellement occupés. Aussi M. Laurent, ayant l'idée préconçue que les riverains sont propriétaires du lit des petites rivières, se plaint de cette décision de l'art. 563, et la regarde comme dépassant le pouvoir du législateur. Celui-ci, dit notre auteur, peut bien renoncer au droit de l'État (pour les rivières navigables ou flottables); « mais en renonçant aux droits des riverains, il les exproprie, et ce pouvoir-là n'appartient pas à la loi (1) ». Évidemment si le principe supposé n'a pas été admis, la critique tombe d'elle-même.

II. On a donc pu juger, comme on l'a fait, que les propriétaires ne sont pas admis à comprendre *la valeur du lit* des cours d'eau qu'ils avoisinent, dans l'indemnité à laquelle ils ont droit au cas d'expropriation pour utilité publique (2); et aussi qu'ils n'ont pas le droit d'établir

(1) N° 306.

(2) V. ch. civ. cass., 10 juin 1848 et 17 juin 1850; Comp. ci-dessus, p. 79, note 3. — L'arrêt de 1846 a donné lieu au grand ouvrage de Championnière sur *la propriété des eaux courantes*. L'auteur s'efforce d'y établir par l'histoire le droit des riverains.

une clôture barrant le cours d'eau, de manière à empêcher les bateaux d'y circuler (1). En ce qui concerne l'indemnité relative *au lit* du cours d'eau, nous ne voyons pas non plus qu'il en soit jamais question, au profit du propriétaire, dans le cas où la rivière qui n'était pas navigable devient telle par un acte du gouvernement; le *dommage* dont parle le décret du 22 janvier 1808, art. 3, semble n'avoir trait qu'au chemin de halage (2). La propriété du lit est une abstraction dont nos lois ne paraissent faire aucun état; et la Cour de cassation qualifie le cours d'eau en question de *res nullius* d'une nature particulière. Mais quant au *droit de pêche* qui appartient aux propriétaires dont les fonds bordent la rivière (non navigable ni flottable), c'est une valeur actuelle et bien réelle, pour laquelle une indemnité préalable est due, quand cette rivière passe dans le domaine public (3).

Mais si le lit de la rivière venait à être desséché, comme cela est arrivé plusieurs fois par suite de travaux d'art, il semble que ce lit devrait appartenir aux riverains, par analogie de ce qui est décidé pour les îles et atterrissements (4). Cependant il paraît que, plus d'une fois, l'Etat a vendu comme lui appartenant des lits desséchés de cours d'eau, sans que les particuliers intéressés aient réclamé (5).

(1) La Cour de Paris avait autorisé cette clôture, le 2 août 1862; mais son arrêt a été cassé le 8 mars 1865 (V. le journal *le Droit*, n^{os} du 10 août 1862 et du 7 avril 1865).

(2) V. décret du 22 janvier 1808, et ci-dessus, p. 155, III.

(3) Compensation faite des avantages qu'ils (les propriétaires) « pourraient retirer de la disposition prise par le gouvernement ». Loi *sur la pêche fluviale*, du 15 avril 1829, art. 3, 3e alin.; Comp. ci-dessus, p. 79, note 3. L'administration paraît avoir vivement résisté à cette concession d'indemnité, lors de l'élaboration de la loi de 1829.

(4) V. ci-dessus, p. 165.

(5) On cite, entre autres cas, la prise de possession par l'État du

On peut voir, au Titre *des servitudes ou services fonciers*, les droits qu'ont les riverains sur les eaux courantes (autres que celles du domaine public), notamment pour l'irrigation de leurs propriétés (art. 644 et 645). On peut s'étonner que, dans ces articles il ne soit fait aucune mention de l'emploi de l'eau courante comme force motrice (1).

III. — De tout ce qui précède, il résulte que les particuliers sont considérés comme ayant des droits très-étendus sur les rivières non navigables et non flottables, sans en avoir précisément la propriété, ce droit étant incompatible avec la disposition de l'art. 563, et cela bien que le mot *propriété* soit employé à l'égard des eaux dans l'art. 645.

IV. — Quant aux simples ruisseaux, le législateur a dû les confondre avec le terrain où ils coulent; et l'on voit que l'art. 563, qui paraît impliquer la négation du droit de propriété des riverains, ne parle que des fleuves et des rivières. On ne distingue certainement pas les simples ruisseaux d'avec les terrains au cas d'expropriation pour utilité publique; et ces petits cours d'eau ne sont pas exclus des biens *cotisables*, et ce à la différence des rivières (2).

lit d'affluents desséchés de la rivière d'Yonne; V. la *Revue de législation* de Wolowski, t. IV, p. 194.

(1) Cela est très-remarquable, et fait ressortir le caractère peu industriel du Code civil, ce qu'autrefois Rossi lui a reproché dans un mémoire (V. ci-dessus, p. 7, note 1). L'art. 645, parlant des intérêts qu'il faut ménager et concilier (à propos de l'usage des eaux), mentionne l'*agriculture*, mais non l'*industrie*.

(2) V. le texte de la loi du 3 frimaire an VII, art. 103, déjà cité plus haut, p. 79, note 2. La distinction entre les ruisseaux et les rivières tient à des faits de notoriété publique.

V. — Il va sans dire que les îles et les îlots, une fois formés et devenus la propriété des riverains, ne font plus partie du lit de la rivière, et ne pourraient plus être expropriés pour cause d'utilité publique que par l'emploi des formes ordinaires, indiquées ci-dessus à propos de l'art. 545 (1).

VI. — *Du partage des îles.* — Notre art. 561 dit que dans les rivières non navigables et non flottables, si l'île n'est pas formée d'un seul côté, « elle appartient aux « propriétaires riverains des deux côtés, à partir de la « ligne qu'on suppose tracée au milieu de la rivière (2) ». Pas de difficulté si la rivière coule en ligne droite dans l'endroit où l'île est formée. La ligne qu'on suppose tracée au milieu de la rivière partageant le cours d'eau en deux parties égales, l'île se trouvera de même partagée entre les deux propriétaires, dont chacun occupe un des côtés, en entier. S'il y en a plusieurs d'un côté ou des deux côtés, on abaissera sur la ligne médiane des perpendiculaires partant des limites de chaque propriété riveraine ; la partie de l'île comprise entre cette médiane et les deux perpendiculaires menées des limites d'un fonds appartiendra au propriétaire de ce fonds.

Mais l'opération se complique si la rivière a un cours irrégulier, qui ne permette pas d'en couper le milieu par une seule ligne droite ; car, en y traçant une ligne brisée, pour suivre les angles ou les courbes formés par le courant de l'eau, il deviendrait possible de tirer de l'une des extrémités de tel ou tel fonds *plus d'une perpendiculaire*

(1) P. 108 et suiv.

(2) Comp. Inst., *De rer. div.*, § 22.

sur la ligne brisée; de là un grand embarras. Il faudra bien alors prendre des moyennes entre ces directions (1).

ART. 562. — « Si une rivière ou un fleuve, en se formant un bras nouveau, coupe et embrasse le champ d'un propriétaire riverain, et en fait une île, ce propriétaire conserve la propriété de son champ, encore que l'île se soit formée dans un fleuve ou dans une rivière navigable ou flottable. »

On s'attache ici à l'idée toute simple, déjà admise en droit romain et reconnue par Pothier (2), que la propriété qui existait au profit d'une personne lui demeure pour tout ce que l'eau ne lui a pas enlevé; dorénavant elle a une île au lieu de la terre ferme qui lui appartenait précédemment. L'intérêt de la navigation (ou de la flottaison) n'y fait rien, puisque les îles même nées dans le lit des fleuves ou rivières du domaine public ne sont point regardées comme nécessaires à l'usage commun, et peuvent être aliénées par l'État ou prescrites contre lui (art. 540).

ART. 563. — « Si un fleuve ou une rivière navigable, flottable ou non, se forme un nouveau cours en abandonnant son ancien lit, les propriétaires des fonds nouvellement occupés prennent, à titre d'indemnité, l'ancien lit abandonné, chacun dans la proportion du terrain qui lui a été enlevé. »

I. — Nous avons déjà plusieurs fois renvoyé à cet article qui fournit un puissant argument pour restreindre le

(1) Laurent, n° 304. — La même difficulté pourrait se présenter dans certains cas pour le partage de l'*alluvion*. C'est même à propos de l'alluvion que M. Laurent donne un dessin pour rendre ses explications plus claires (V. n° 294, p. 381), auquel il renvoie en s'occupant du partage des îles. V. aussi Aubry et Rau, t. II, p. 551.

(2) Inst. *De rer. div.*, § 23; Pothier, *Domaine de propriété*, n° 162.

droit des riverains, sur les rivières non navigables et non flottables, à certains avantages déterminés, qui n'ont jamais le caractère de *propriété*. Comment en effet imaginerait-on que le lit d'une rivière, s'il appartenait aux propriétaires qui la bordent, pût servir à indemniser d'autres personnes, à raison d'un dommage éprouvé par elles? Ce serait là une iniquité par trop choquante (1).

II. — Si la rivière qui a changé de cours était navigable ou flottable, il n'y a pas de difficulté; car on conçoit que l'État, dans certains cas, indemnise des particuliers victimes de quelque grand désastre. Il s'agit ici, comme on voit, d'une portion « retranchée du domaine public général » par une cause accidentelle, et qui dès lors, sans la dispositon de notre article, serait un bien « appartenant à l'État (2) ».

III. — Il est clair d'ailleurs que les îles et atterrissements de toute nature, déjà formés avant le déplacement du fleuve ou de la rivière, demeurent à l'État ou aux riverains; de même pour l'alluvion acquis antérieurement. Une remarque semblable a été faite à propos de l'expropriation pour utilité publique (3), la propriété de ces terrains, une fois constituée, ne peut être enlevée que suivant les règles ordinaires.

(1) V. ce qui précède, sur les art. 560 et 561.

(2) Nous aimons mieux, en définitive, nous attacher uniquement à cette formule sans y mêler encore les art. 539 et 713, comme nous l'avons fait plus haut (p. 81, fin du n° IV), ce qui pourrait être dangereux; car, ne l'oublions pas, l'État n'acquiert pas les biens qui cessent de faire partie du *domaine public local* (V. p. 95, II). A ce sujet nous avons été mis en garde par l'usage inutile que M. Laurent nous a paru faire de ces art. 539 et 713 (V. ci-dessus, p. , note).

(3) V. p. 170, n° V.

IV. — Nous avons aussi fait observer (1) que la disposition très-extraordinaire de l'art. 563 ne s'appliquerait pas, selon le texte même, aux simples ruisseaux; et cela se justifie par deux bonnes raisons : 1° un ruisseau, en se frayant un nouveau lit, fera d'ordinaire peu de mal et sera même parfois très-avantageux pour les fonds où il vient couler; 2° la répartition du lit d'un ruisseau entre les propriétaires de ces fonds, donnerait souvent à chacun des parcelles insignifiantes, enchevêtrées les unes dans les autres. Les auteurs ont déjà montré combien l'application de l'art. 563, quoique ayant lieu sur une échelle bien plus vaste, peut occasionner d'embarras, surtout quand l'existence d'usufruits, d'hypothèques, ou d'autres droits réels vient compliquer encore la situation.

DES PIGEONS DES COLOMBIERS, ETC.

ART. 564. — « Les pigeons, lapins, poissons, qui passent dans un autre colombier, garenne ou étang, appartiennent au propriétaire de ces objets, pourvu qu'ils n'y aient point été attirés par fraude et artifice. »

I. — Ce cas particulier d'*accession* se rattache à une idée que les rédacteurs du Code civil ont empruntée à Pothier (*Communauté*, nos 41 et suiv.), mais en l'altérant un peu, et que nous avons longuement exposée plus haut, sur l'art. 524 (2). Pothier, s'occupant des choses qui entrent ou n'entrent pas dans la communauté entre époux (comme *meubles* ou *immeubles*), parle d'animaux sauvages ou demi-

(1) *Ibid*, n° IV.
(2) P. 26.

sauvages que l'on doit regarder comme une sorte de dépendance des lieux qu'ils habitent, parce qu'ils y reviennent, sinon toujours, au moins le plus souvent. D'après cela, nous dit Pothier, dont nous avons déjà cité le passage (1), « les « poissons sont censés faire partie de l'étang, les lapins « de la garenne, les pigeons du colombier, où ils se trou- « vent *dans leur liberté naturelle*, et avec lequel ils sont « censés *ne faire qu'un seul et même tout.* » Avec cette manière de voir, l'*accession* dont parle notre art. 564 se présente d'elle-même et par voie de conséquence forcée, puisque les animaux dont il s'agit ne sont pas considérés comme individus, et qu'il y a seulement, ainsi que le dit Pothier, « un étang empoissonné, une garenne peuplée « de lapins, un colombier où il y a des pigeons, etc. (1) ».

II. — Il est bien difficile de prendre à la lettre ces mots restrictifs de notre article : « pourvu qu'ils n'y aient « point été attirés par fraude et artifice », mots que nous avons déjà cités sur l'art. 524 (2). Comment comprendre que, par exception, et à cause de la fraude et de l'artifice (l'usage d'appâts quelconques employés par un voisin peu scrupuleux), on demeure *propriétaire* de poissons, de lapins de garenne, etc., qui ont émigré pour aller s'établir dans d'autres eaux, d'autres garennes, etc.; cela est assurément peu pratique; et il semble que le règlement d'une telle affaire ne se conçoit que par l'allocation de dommages et intérêts (3). Le rapporteur du Tribunat, M. Faure,

(1) Nous avons critiqué la singulière confusion que fait le Code, en rangeant ces animaux sauvages ou quasi-sauvages parmi « les objets « que le propriétaire d'un fonds *y a placés* pour le service et l'*exploitation du fonds* » (Ci-dessus, p. 26).

(2) P.27 et note 1, *ibid.*

(3) Comp. MM. Aubry et Rau, t. II, p. 247, et note 4, *ibid.*

dit, il est vrai, dans son discours (1) : « Si les animaux « sont passés d'un fonds à l'autre par fraude, l'ancien « propriétaire n'aura point perdu ses droits sur eux. « L'improbité ne peut être un moyen d'acquérir. » Voilà un scrupule en matière d'*accession* qui peut surprendre, lorsque le législateur s'en préoccupe si peu dans une foule de cas, où nous voyons le maître du principal, acquérir, de bonne ou de mauvaise foi, la propriété de l'*accessoire* (V. art. 554, 566, 567, etc.) sauf à en fournir la valeur et à payer, s'il y a lieu, des dommages-intérêts, etc.

(1) V. Fenet, t. XI, p. 146.

SECTION II

DU DROIT D'ACCESSION RELATIVEMENT AUX CHOSES MOBILIÈRES.

Les règles posées dans cette section, et dont l'intérêt chez nous est bien minime au point de vue pratique, se rapportent à l'union en un seul tout de deux choses distinctes et séparables, ou *adjonction* (art. 566-569); à la formation de choses d'une nouvelle espèce par le travail, ou *spécification* (art. 570-572); puis au *mélange* de plusieurs matières (art. 573-574). Ensuite viennent quelques règles communes à ces divers cas (art. 575-577). La section s'ouvre par un principe général qui semble devoir dominer tout le sujet.

ART. 565. — « Le droit d'accession, quand il a pour objet deux choses mobilières appartenant à deux maîtres différents, est entièrement subordonné aux principes de l'équité naturelle.

« Les règles suivantes serviront d'exemple au juge pour se déterminer, dans les cas non prévus, suivant les circonstances particulières. »

I. — Ces règles suivantes, dont parle notre article, sont très-nombreuses, et pas toujours très-concordantes entre elles. Le législateur, si laconique sur tant de sujets importants (1), s'est ici étendu longuement sur des questions presque entièrement dénuées d'intérêt usuel; il y suppose

(1) La non-rétroactivité des lois, les droits des étrangers, l'état des enfants naturels, les successions dites anomales, le règlement des quotités disponibles, etc.

à peu près tous les cas possibles, donnant des décisions multipliées, et cela lorsqu'il vient de proclamer que le droit d'accession, relativement aux choses mobilières, « est « entièrement subordonné aux principes de l'équité natu- « relle. » Quant aux juges auxquels les exemples prévus par nos articles doivent *servir d'exemple*, leur sagesse n'aura guère à s'exercer que sur la valeur ou l'importance comparative des objets.

Arrivons maintenant à la division indiquée plus haut.

De l'adjonction. I. — Deux choses mobilières étant jointes l'une à l'autre pour former un ensemble, comme un cadre à un tableau, une broderie à un vêtement, etc. (V. art. 566), l'accessoire devient la propriété de celui à qui appartient la chose principale. Il pourra y avoir ensuite des questions d'indemnité, de pénalité même selon les cas; nous les laissons de côté pour le moment.

II. — Les rédacteurs du Code ont, sur la foi de quelques anciens auteurs, poussé extrêmement loin la règle de l'acquisition par accession relativement aux choses mobilières. A cet égard le droit romain n'a pas certainement été bien compris. Ainsi, en matière d'*adjonction*, si les deux choses unies peuvent être séparées, il semble naturel que le propriétaire de la chose accessoire puisse toujours demander la séparation, et non pas seulement, comme le veut le Code, dans le cas où cette chose « est « *beaucoup plus précieuse* que la chose principale » (V. art. 566 à 568); qu'elle soit ou non beaucoup plus précieuse que l'autre objet, le propriétaire peut y tenir, pour des motifs dont il n'a pas à rendre compte. Aussi, bien loin de consacrer en principe cette sorte d'*expropriation privée*, le droit romain décidait-il le contraire, du moins en règle générale (1).

ART. 566. — « Lorsque deux choses appartenant à différents maîtres, qui ont été unies de manière à former un tout, sont néanmoins séparables, en sorte que l'une puisse subsister sans l'autre, le tout appartient au maître de la chose qui forme la partie principale, à la charge de payer à l'autre la valeur de la chose qui a été unie. »

ART. 567. — « Est réputée partie principale celle à laquelle l'autre n'a été unie que pour l'usage, l'ornement ou le complément de la première.

I. — On a allégué quelquefois, sur l'art. 566, que la loi ne s'exprime pas d'une manière exacte par ces mots : « Lorsque deux choses... qui ont été unies de manière à former un tout, *sont néanmoins séparables* », car il semblerait en résulter que les choses unies *doivent être séparables*, pour que l'accession par adjonction ait lieu. Or, dit-on, ce résultat serait absurde ; évidemment si les choses *ne peuvent être séparées*, il y a une raison par *à fortiori* pour admettre l'accession. Le législateur aura probablement voulu dire : l'accession a lieu, *alors même que les choses sont séparables* (2).

Mais, en réalité, dans les hypothèses que le législateur a eues en vue (d'*adjonction* proprement dite), les objets unis dont il parle sont toujours séparables avec ou sans difficulté, à la différence de ce qui peut arriver au cas de *mélange* (V. art. 573).

(1) *Quæcumque aliis juncta sive adjecta accessionis loco cedunt, ea quandiu cohærent dominus vindicare non potest; sed ad exhibendum agere potest, ut separentur et tunc vindicentur;* L. 23, § 5, D. *De rei vind.* (VI, 1.)

(2) V. M. Laurent, n° 314.

II. — Quant aux divers cas d'application de l'art. 567, on en trouvera sans peine des exemples. Ainsi on regardera comme accessoires : pour l'*usage*, la chaîne jointe à une montre, le cadre à un tableau; pour l'*ornement*, la broderie cousue à un vêtement, la pierrerie enchâssée dans un collier; pour le *complément*, la roue, le volant, la chaudière, ou autre pièce ajustée à une machine, le balancier adapté à une pendule, etc. (1).

Art. 568. — « Néanmoins, quand la chose unie est beaucoup plus précieuse que la chose principale, et quand elle a été employée à l'insu du propriétaire, celui-ci peut demander que la chose unie soit séparée pour lui être rendue, même quand il pourrait en résulter quelque dégradation de la chose à laquelle elle a été jointe. »

C'est le seul cas d'*adjonction* où le propriétaire de la chose accessoire exerce un droit analogue à l'action romaine *ad exhibendum*. L'exception chez nous est fondée sur la grande supériorité de la valeur de cette chose.

Nous retrouverons une transaction analogue entre les principes dans les art. 570 et 571.

Art. 569. — « Si de deux choses unies pour former un seul tout, l'une ne peut être regardée comme l'accessoire de l'autre, celle-là est réputée principale qui est la plus considérable en valeur, ou en volume, si les valeurs sont à peu près égales. »

On peut supposer ici deux pièces d'étoffe qui ont été

(1) L'anneau, comme dit Pothier (*Propriété*, n° 174), sera l'*accessoire* de la pierre précieuse *qu'il sert à monter*. Pothier cite encore la toile par rapport aux couleurs qui y sont appliquées pour faire le tableau; mais n'est-ce pas là un cas de *spécification?* (V. ci-dessous page 180.) Quant au papier considéré par rapport à l'écriture, Pothier (*ibid.*, n° 173) qualifie de *ridicule* la décision de la loi romaine attribuant le manuscrit au propriétaire du papier.

cousues ensemble ou deux morceaux de métal unis par la soudure. Dans ces cas encore on aurait bien pu séparer les deux objets (1). Du reste, nous ne doutons pas que le propriétaire de la chose qui est plus considérable en valeur ou en volume ne puisse demander la séparation ; le texte ne s'y opposant pas, car l'accession est toute dans son intérêt. La même observation s'applique aux hypothèses précédentes.

De la spécification. — La spécification consiste dans la formation, avec une certaine matière, d'une chose nouvelle, telle qu'un objet d'art. Il s'agit de savoir à qui appartiendra cet objet *de nouvelle espèce*, comme la statue faite avec le bronze ou le marbre appartenant à autrui. Les Proculiens en attribuaient la propriété à l'ouvrier, parceque, suivant eux, la matière seule s'était absorbée dans l'espèce nouvelle, en sorte qu'elle ne pouvait plus être revendiquée (2). Les Sabiniens, au contraire, attribuaient la chose au propriétaire de la matière : elle, disaient-ils, subsiste toujours en réalité, malgré les modifications qu'elle a subies dans sa forme extérieure. Justinien, se rangeant à un avis intermédiaire, fait une distinction tenant à la nature de la substance employée. Si la chose nouvelle peut être ramenée à son état primitif de masse brute, elle appartiendra au propriétaire de la matière ; dans le cas contraire, à l'ouvrier. « *Et post multas Sabinianorum et Proculianorum ambiguitates placuit media sententia exis-*

(1) Il est vrai que le texte de droit romain cité plus haut semble refuser l'action *ad exhibendum* dans le cas de soudure ou *ferruminatio*, cela tenait-il à la difficulté de l'opération?

(2) *Res extinctæ vindicari non possunt.* Le sculpteur de Lafontaine dit, en parlant du bloc de marbre : Sera-t-il dieu, table ou cuvette ?

timantium, si ea species ad materiam reduci possit, eum videri dominum esse qui materiæ dominus fuerat; si non possit reduci, eum potius intelligi dominum, qui fecerit (1).

ART. 570. — « Si un artisan ou une personne quelconque a employé une matière qui ne lui appartenait pas à former une chose d'une nouvelle espèce, soit que la matière puisse ou non reprendre sa première forme, celui qui en était le propriétaire a le droit de réclamer la chose qui en a été formée en remboursant le prix de la main-d'œuvre. »

ART. 571. — « Si cependant la main-d'œuvre était tellement importante qu'elle surpassât de beaucoup la valeur de la matière employée, l'industrie serait alors réputée la partie principale, et l'ouvrier aurait le droit de retenir la chose travaillée, en remboursant le prix de la matière au propriétaire. »

On voit que l'opinion mixte des Institutes est rejetée en termes exprès par notre article, il admet, au moins en principe, la doctrine des Sabiniens. L'ancien propriétaire peut réclamer la chose avec sa forme nouvelle, *soit que la matière puisse ou non reprendre sa première forme,* à la charge de rembourser le prix de la main-d'œuvre. Mais immédiatement, et par une sorte de transaction assez familière aux auteurs du Code, ils font exception à la règle si la main-d'œuvre a une importance très-supérieure à celle de la matière (Comp. art. 568). Alors ils appliquent le brocard *forma dat esse rei*, avec cette expression bizarre que l'industrie est alors *réputée la partie principale.*

(1) Inst. § 25, *De rer. div.* II. 1.

ART. 572. — « Lorsqu'une personne a employé en partie la matière qui lui appartenait, et en partie celle qui ne lui appartenait pas, à former une chose d'une espèce nouvelle, sans que ni l'une ni l'autre des deux matières soit entièrement détruite, mais de manière qu'elles ne puissent pas se séparer sans inconvénient, la chose est commune aux deux propriétaires, en raison, quant à l'un, de la matière qui lui appartenait; quant à l'autre, en raison à la fois et de la matière qui lui appartenait, et du prix de sa main-d'œuvre. »

I. — Il faut, bien entendu, supposer ici qu'on n'est pas dans le cas de l'art. 571, où l'industrie est *réputée la partie principale;* sans quoi il y aurait ici un argument de plus en faveur de l'ouvrier, qui a fourni, outre sa main-d'œuvre, une partie de la matière.

II. — L'article dit : *sans que ni l'une ni l'autre des deux matières soit entièrement détruite*. A plus forte raison si l'une et l'autre, ou l'une d'elles, est détruite (a perdu sa nature propre), en sorte que la séparation soit impossible.

III. — Enfin cette décision : *la chose est commune*, etc., semble peu d'accord avec l'art. 569, où l'on admet qu'une chose est réputée *principale* à raison de sa valeur, ou même *de son volume* si les valeurs sont à peu près égales (V. aussi art. 574). Il est clair que le propriétaire dont la matière est de beaucoup supérieure à celle de l'autre par la valeur ou même la quantité et qui aurait mis, en outre, sa main-d'œuvre, devrait avoir l'objet tout entier. Autrement il y aurait dans toute cette affaire d'*accession* une confusion d'idées inintelligible.

Du mélange. — ART. 573. — « Lorsqu'une chose a été formée par le mélange de plusieurs matières appartenant à différents propriétaires, mais dont aucune ne peut être regardée comme la matière principale, si les matières peuvent être séparées, celui à l'insu duquel les matières ont été mélangées peut en demander la division.

« Si les matières ne peuvent plus être séparées sans inconvénient, ils en acquièrent en commun la propriété dans la proportion de la quantité, de la qualité et de la valeur des matières appartenant à chacun d'eux. »

ART. 574. — « Si la matière appartenant à l'un des propriétaires était de beaucoup supérieure à l'autre par la quantité et le prix, en ce cas le propriétaire de la matière supérieure en valeur pourrait réclamer la chose provenue du mélange, en remboursant à l'autre la valeur de sa matière.

I. — On ne prend pas ici l'industrie en considération, parce que les mélanges en général s'effectuent facilement; mais s'il en était un qui exigeât un grand travail (par exemple des préparations chimiques), il n'est pas douteux que l'art. 571 devrait être appliqué.

II. — L'art. 574 n'exige sans doute pas que la supériorité dont il parle existe, à la fois, pour *la quantité et le prix*. Ainsi la différence de valeur des deux matières suffirait (Comp. art. 569).

ART. 575. — « Lorsqu'une chose reste en commun entre les propriétaires des matières dont elle a été formée, elle doit être licitée au profit commun. »

Les copropriétaires majeurs et capables, au lieu de *liciter* la chose (la mettre aux enchères), pourraient, sans nul doute, la partager entre eux, dans la proportion qu'ils jugeraient convenable (V. C. de proc. civ., art. 985).

ART. 576. — « Dans tous les cas où le propriétaire dont la matière a été employée, à son insu, à former une chose d'une autre espèce, peut réclamer la propriété de cette chose, il a le choix de demander la restitution de sa matière en même nature, quantité, poids, mesure et bonté, ou sa valeur. »

Cela revient à dire que l'acquisition par accession n'est pas forcée (Comp. art. 566, 570, 573, 2°, 574).

ART. 577. — « Ceux qui auront employé des matières appartenant à d'autres et à leur insu, pourront aussi être condamnés à des dommages et intérêts, s'il y a lieu, sans préjudice des poursuites par voie extraordinaire (1), si le cas y échet. »

Ainsi il peut, selon les cas, y avoir lieu à des dommages-intérêts, pour dol ou imprudence de la part de celui qui a employé des matières appartenant à autrui (V. art. 1382 et 1383). Les poursuites *par voie extraordinaire* ou devant les tribunaux criminels sont aussi réservées ici (V. C. pén., art. 373 et suiv.). Ces résultats paraîtraient bien bizarres dans la pratique; on s'étonnerait sans doute de voir le coupable de vol ou d'abus de confiance, etc., garder un objet comme propriétaire, tout en étant condamné à la prison et à l'amende pour s'en être emparé.

(1) *Par voie extraordinaire*, vieille expression, aujourd'hui tombée en désuétude, indiquant les poursuites dans lesquelles la procédure criminelle était entièrement secrète. Aujourd'hui tous les débats devant les tribunaux de répression sont publics (V. Ducaurroy, Bonnier et Roustain, t. II, n° 138).

TABLE DES MATIÈRES

LIVRE DEUXIÈME DU CODE CIVIL

DES BIENS ET DES DIFFÉRENTES MODIFICATIONS DE LA PROPRIÉTÉ

CHAPITRE II

DES MEUBLES

CHAPITRE III

DES BIENS DANS LEURS RAPPORTS AVEC CEUX QUI LES POSSÈDENT

TITRE II

DE LA PROPRIÉTÉ

CHAPITRE PREMIER

DU DROIT D'ACCESSION SUR CE QUI EST PRODUIT PAR LA CHOSE.

CHAPITRE II

DU DROIT D'ACCESSION SUR CE QUI S'UNIT ET S'INCORPORE A LA CHOSE.

SECTION PREMIÈRE

Du droit d'accession relativement aux choses immobilières.

SECTION II

Du droit d'accession relativement aux choses mobilières.

Paris. — Typ. Tolmer et Cie, rue du Four-Saint-Germain, 43.

CHEZ LE MÊME ÉDITEUR

Codes français et Lois usuelles, décrets, ordonnances et avis du Conseil d'État qui les complètent ou les modifient, conformes aux textes officiels, avec une conférence des articles basée principalement sur la jurisprudence et *annotés des arrêts de la Cour de cassation* et des circulaires ministérielles, par H. F. RIVIÈRE, docteur en droit, conseiller à la Cour d'appel de Riom, membre correspondant de l'Académie de législation de Toulouse, avec le concours de MM. FAUSTIN-HÉLIE, membre de l'Institut, président honoraire à la Cour de cassation; PAUL PONT, membre de l'Institut, conseiller à la Cour de cassation. 5e ÉDITION REVUE ET AUGMENTÉE. Un très-fort volume grand in-8 jésus. Prix : broché, 25 fr.; relié, 28 fr. — Le même ouvrage relié en 2 vol., 31 fr.

LES MÊMES. **Codes français et Lois usuelles,** suivis des textes de l'ancien droit, mis en rapport avec la législation en vigueur, format in-32, 1879. 3e édition. Prix, broché, 6 fr.; relié, 7 fr. 50.

Principes de Droit civil français, par F. LAURENT, professeur à l'Université de Gand, 33 volumes in-8°. . . . . 297. »

Cours élémentaire de Droit civil français, par F. LAURENT, professeur à l'Université de Gand. 4 vol. in-8°. . . . . 40. »

Cours élémentaire de Droit romain contenant : 1° un abrégé de l'histoire externe du droit romain; 2° l'explication complète des Institutes de Gaius et des Institutes de Justinien; 3° l'explication des principaux textes du Digeste et du Code ainsi que des Novelles qui s'y rapportent, par M. CHARLES DEMANGEAT, professeur honoraire à la Faculté de droit de Paris, conseiller à la Cour de cassation. 3e édition revue et augmentée. 1876, 2 vol. in-8°. . . . . 20. »

L'Esprit du Droit romain dans les diverses phases de son développement, par R. VON IHERING, professeur ordinaire de droit à l'Université de Gœttingen. *Traduit sur la 3e édition avec l'autorisation de l'auteur*, par O. DE MEULENAERE, juge au tribunal de première instance à Bruges. 4 vol. in-8° . . . . 40. »

Traité de la Compétence des Juges de paix, dans lequel la loi du 25 mai 1838 et toutes les lois de la matière sont développées et combinées avec les principes de droit qui s'y rattachent et les règles de la procédure civile et criminelle, par M. CURASSON, avocat à la Cour royale de Besançon. 4e ÉDITION, revue, annotée et mise au courant de la législation, de la doctrine et de la jurisprudence jusqu'à ce jour, par MM. POUX-LAGIER et PAUL PIALAT, docteurs en droit, avocats du barreau de Dôle. 1879. 2 vol. in 8°. . . . . 20 »

Traité du Droit de Succession, par M. HUREAUX, président du tribunal civil de Charleville. 1868. 5 vol. in-8°. . . . . 35. »

Du Droit de famille, par M. J. OUDOT, professeur de Code Napoléon à la Faculté de droit de Paris. — Ouvrage publié après la mort de l'auteur et conformément à ses intentions, par M. CH. DEMANGEAT, professeur de droit romain à la même Faculté. 1 vol. in-8°. . 10. »

Répétitions écrites sur le Code de Commerce, contenant l'exposé des principes généraux, leurs motifs, l'analyse des opinions de plusieurs professeurs ou auteurs et de la jurisprudence sur les questions controversées, la solution de ces questions, l'explication des lois qui complètent ou modifient le Code, l'exposé de la législation sur le timbre et l'enregistrement en matière commerciale, un résumé à la fin de chaque titre. *Septième édition*, revue, corrigée, augmentée et suivie d'un formulaire. 1875. 1 fort vol. in-8° cavalier, 12 fr.

Revue pratique de Droit français. Jurisprudence, doctrine, législation. Fondée par MM. CHARLES DEMANGEAT, conseiller à la Cour de cassation, professeur honoraire à la Faculté de droit: EMILE OLLIVIER, membre de l'Académie française, ancien ministre de la justice et des cultes: CHARLES BALLOT, docteur en droit, avocat à la Cour d'appel de Paris; FRÉDÉRIC MOURLON, docteur en droit, avocat à la Cour d'appel de Paris. Continuée avec la collaboration de MM. MERVILLE. conseiller à la Cour de cassation; RIVIÈRE, conseiller à la Cour d'appel de Riom; DANIEL DE FOLLEVILLE, avocat à la Cour d'appel, professeur à la Faculté de droit de Douai.

Abonnement : Paris et départements, 15 fr. par an. — Pour l'étranger, 18 fr.

Paris. — Typ. Tolmer et Cie, rue du Four-Saint-Germain, 43.

www.ingramcontent.com/pod-product-compliance
Ingram Content Group UK Ltd.
Pitfield, Milton Keynes, MK11 3LW, UK
UKHW020457200726
13857UKWH00002B/740